BÜZZ

© 2022, Buzz Editora
© 2022, Vanessa Soares

Publisher ANDERSON CAVALCANTE
Editora TAMIRES VON ATZINGEN
Assistente editorial JOÃO LUCAS Z. KOSCE
Estagiária editorial LETÍCIA SARACINI
Preparação LIGIA ALVES
Revisão CRISTIANE MARUYAMA, GABRIELA ZEOTI
Projeto gráfico ESTÚDIO GRIFO

Nesta edição, respeitou-se o novo Acordo Ortográfico da Língua Portuguesa.

Dados Internacionais de Catalogação na Publicação (CIP) de acordo com ISBD

S676v
Soares, Vanessa
Venda mais: como se sua vida dependesse disso / Vanessa Soares
São Paulo: Buzz Editora, 2022
144 p.

ISBN 978-65-5393-119-0

1. Negócios. 2. Vendas. 3. Empreendedorismo. I. Título.

2022-2039 | CDD 658.4012 | CDU 65.011.4

Elaborado por Odilio Hilario Moreira Junior, CRB-8/9949

Índice para catálogo sistemático:
1. Administração: negócios 658.4012
2. Administração: negócios 65.011.4

Todos os direitos reservados à:
Buzz Editora Ltda.
Av. Paulista, 726 – mezanino
CEP 01310-100 – São Paulo/SP
[55 11] 4171 2317 | 4171 2318
contato@buzzeditora.com.br
www.buzzeditora.com.br

VENDA MAIS

Vanessa Soares

Como se sua vida dependesse disso!

*Dedico este livro aos meus queridos avós,
que são os heróis da minha infância.*

Prefácio

29 de julho de 2019.

Havia várias semanas que eu estava no Brasil para cuidar de minha mãe e levá-la à quimioterapia. Ela começou a apresentar melhoras na UTI do DF Star, em Brasília, no final de julho. Por coincidência, fui convidado para palestrar em um evento no dia 29 de julho e, com a melhora da minha mãe, vesti meu terno na UTI e avisei a organizadora do evento que minha palestra estava de pé.

As coisas não acontecem por acaso. Foi naquele dia que conheci a Vanessa, minha esposa.

Por ser uma ótima negociadora, as coisas caminharam rápido e, algumas semanas depois, eu já estava palestrando na vigésima terceira edição do evento Fábrica de Vendas, promovido pela Vanessa. Ela rodava o Brasil ensinando a maior e a mais importante habilidade que um ser humano deve aprender: vender!

Todas as pessoas com quem a Vanessa conversa saem transformadas desses eventos. Com um brilho diferente nos olhos.

Quando falo de inspiração, falo da Vanessa. Agora conheço mais de perto a jornada dela, já que somos casados há quase dois anos, entendo sua história de superação e quão longe ela chegou tendo saído de onde saiu até alcançar, hoje, um impacto mundial por meio da sua história com vendas.

Nem 1% das pessoas que passaram por tudo o que a Vanessa passou seriam capazes de chegar aonde ela chegou. Minha esposa morou com treze famílias diferentes, morou em orfanato, cresceu sob condições inimagináveis. Essas adversidades, para mim, eliminam qualquer tipo de desculpa que qualquer pessoa possa ter. O caso de superação da Vanessa, que manteve sua própria essência durante todo esse tempo, é um modelo a ser copiado e estudado.

Eu sempre me inspiro em pessoas para modelos de vida. Sempre temos modelos de pessoas que representam uma área de nossa vida que queremos desenvolver. E, quando vejo a Vanessa, vejo superação e vitória.

A Vanessa lida com as pessoas e com o mundo de um jeito muito singular. Nos desafios da vida, ela sabe estruturar sua maneira de viver e, mesmo com cicatrizes profundas, só derrama amor e gratidão. Por isso, uma de suas principais características é transformar todos e tudo por onde passa.

As vendas são um reflexo disso.

E por que a Vanessa pode te ensinar a abrir tantas portas? Porque ela abriu cada uma delas. Hoje, ela deixa esse rastro e ensina como você pode alcançar o sucesso em vendas, tudo isso com generosidade, amor e muita compreensão.

Leia este livro como se a sua vida dependesse disso!

FABIO SOARES

Conhecer a si mesmo é entender e aceitar o que se sente, sem lutar contra esse sentimento.

O que este livro vai fazer por você, 13

Esperança: sempre existe uma porta, 17

A Porta do Autoconhecimento, 27

A Porta da Atitude, 37

A Porta do Progresso, 53

A Porta das Vendas, 67

A Porta do Planejamento, 81

A Porta dos Processos, 91

A Porta dos Treinamentos, 99

A Porta da Fé, 109

A Porta do Não, 119

A Porta da Proximidade, 127

A Porta do Milagre, 137

O QUE ESTE LIVRO VAI FAZER POR VOCÊ

Neste momento, eu desafio você a mergulhar em uma reflexão sobre a vida e o universo das vendas.

Esta leitura vai trazer clareza de propósito, ampliando sua visão para que você absorva muito mais conhecimento.

Você vai perceber como o mundo das vendas é envolvente e vai se preparar para superar os obstáculos – grandes e pequenos – sem medo.

Você vai ter inspiração para escrever as próximas páginas da sua vida.

Vai ativar uma nova percepção sobre a importância de saber vender.

Vai despertar o leão adormecido dentro de você, conseguir visualizar seus sonhos, definir suas metas e alcançar seus objetivos em todas as áreas da vida.

Vai descobrir quais são os próximos passos que precisa dar para ter sucesso abundante.

Vai se sentir motivado, empolgado para viver uma vida mais alegre e feliz.

Vai se sentir diferente, instigado, renovado, com metas claras, sonhos grandes.

Vai ressuscitar os sonhos que já morreram – e de cuja existência nem se lembrava mais.

Vai ter muito a realizar, e vai parar de deixar o vento te levar de um lado para o outro.

Vai transformar o intangível em tangível.

Vai enxergar as portas certas e receber as chaves para acessá-las!

ESPERANÇA: SEMPRE EXISTE UMA PORTA

Na virada dos tempos
Treva da noite
Deixara de imperar
A clara luz do dia
Resplandeceu na alma dos homens
Luz
Que aquece
Os pobres corações dos pastores
Luz
Que ilumina
As sábias cabeças de reis

Luz divina
Aquece
Nossos Corações
Ilumina
Nossas cabeças
Que se torne bom
O que nós
A partir do Coração queremos fundar

RUDOLF STEINER

"Momentos sem chão."
    Todos os dias escuto pessoas contando sobre alguma situação desesperadora pela qual estão passando. Sempre que busco uma palavra de consolo, procuro na minha história o momento em que me vi sem qualquer horizonte.
    Para transmitir esperança é preciso saber onde a perdemos. Onde nos perdemos.
    E eu sei bem em que momento ela escapou das minhas mãos.

São Paulo, julho de 1993

Meus olhos e ouvidos eram fortes.

Eu era uma criança que não tinha o direito de falar o que queria. Isso não durou muito tempo, mas eu via e ouvia tudo que se passava ao redor de mim, e, quando entendi que a vizinha tinha denunciado minha mãe por maus-tratos, demorei para assimilar o motivo.

Eu não sabia o que eram bons tratos, então o que minha mãe fazia comigo parecia normal.

A expressão "abuso físico" ainda não fazia parte do meu vocabulário, mas eu sabia bem o que era a dor de um cabo de vassoura sendo quebrado na minha cabeça. Entendia de onde vinha cada uma das cicatrizes no meu corpo, e meu paladar até conhecia o gosto das fezes humanas.

Apesar de estar acostumada com aquilo, era difícil entender por que tantas vezes minha cabeça foi atirada contra a mesa.

E a denúncia de maus-tratos — que parecia ser minha salvação — não me tornou mais segura. Uma criança que é arrancada da mãe e levada para um orfanato ainda pequena não sabe o que o mundo poderá lhe oferecer a partir de então. O mundo que eu conhecia era aquele: um mundo de sofrimento e dor. Uma dor que tinha começado muito antes do meu nascimento.

Minha mãe era uma mulher muito bonita. Nascida no Piauí, saiu sozinha rumo a São Paulo com o objetivo de vencer na vida. Ela tinha 21 anos quando engravidou de mim. Toda a esperança no futuro virou uma amargura, e ela acreditou que sua vida tinha acabado. E, de uma mulher livre, nasceu uma mãe solo que via na filha a personificação de um bloqueio.

Ela perdeu a liberdade, deu adeus aos sonhos, e eu era a representação do obstáculo em sua vida. Foi assim que cheguei ao mundo. Com culpa. Sendo culpada por tudo de ruim que tinha acontecido na vida da minha mãe.

Eu não tinha culpa de ter nascido, mas ela me culpava diariamente. Olhava para mim e me fazia sentir fisicamente a mesma dor que ela sentia por dentro. E essa dor eu conheci intimamente.

Até os seis anos, para mim, ela era a Dona Nadi. Eu tinha tanto medo da minha própria mãe que a chamava assim, Dona Nadi. Mesmo sendo tão pequena, lembro do momento exato em que me senti absolutamente sozinha no mundo. Por mais contraditório que possa parecer, esse momento se concretizou no dia em que fui afastada da minha mãe.

Naquele dia a nossa vizinha decidiu dar um basta nas cenas que ela presenciava diariamente.

Claro que outras pessoas percebiam que eu vivia com o corpo machucado. Não é normal uma criança de seis ou sete anos cair o tempo todo e ter manchas roxas sempre que era vista.

Quando o Juizado de Menores chegou, ela foi pega em flagrante.

Eu estava trancada no banheiro fazia horas, usando apenas um short. O dia estava gelado. Eu tremia.

Daquele dia, só consigo lembrar de flashes. Primeiro me levaram para um hospital, onde fui diagnosticada com pneumonia, raquitismo e anemia. Depois rasparam minha cabeça para cuidar dos muitos machucados. Lembro dos médicos comentando entre si que eu poderia ter algum tipo de lesão, considerando a quantidade de hematomas.

Enquanto tudo isso acontecia, eu pensava: "Com quem eu vou ficar?". Por mais escuro que o banheiro de chão gelado pudesse parecer, ele era o único lugar seguro que eu conhecia. E ser tirada dos braços da sua mãe, não importa quão ruim tenha sido a sua convivência com ela, é uma das experiências mais marcantes que uma criança pode vivenciar.

Quando cheguei ao orfanato onde permaneceria pelos anos seguintes, lembro da mãe postiça que me acolheu. Lembro de pela primeira vez sentir uma pele colada na minha. E descobri que chamavam aquilo de abraço.

As lembranças se confundem a partir de então. Eu era uma menina careca, sem memória, confusa. A vida tinha esquecido de mim e eu queria esquecer de viver, embora algumas coisas parecessem melhores do que antes.

Dessa fase eu lembro do cobertorzinho rosa que eu tinha, da comida, do lugar de brincar. No entanto, embora fosse ali que eu vivi as primeiras coisas boas que ficariam na minha memória, eu era uma criança triste. Tinha vivido o susto de ser arrancada de casa, sem nenhum familiar por perto.

E só quando meu avô foi localizado, no sertão do Piauí, é que recomecei a viver.

"Vanessa, você sabe quem é aquele?", foi a pergunta que ouvi da moça do orfanato quando ele surgiu num corredor, caminhando na minha direção, faltando apenas 24 horas para eu ir para a adoção.

Nossos olhos se encontraram por alguns instantes e eu disse "é o fofô".

Ele se aproximou de mim e ficou de joelhos, prostrado, como se estivesse diante de uma miragem. E daquele dia em diante eu voltei a respirar. Sabia que podia. Eu tinha um guardião, uma pessoa que faria questão de zelar pela minha segurança todos os dias da minha vida.

Foi um verdadeiro milagre. Eu, que estava nas trevas da desesperança, me vi experimentando pela primeira vez o que era afeto.

Chegar ao sertão do Piauí e morar com meus avós foi uma bênção que eu vivi dia após dia.

Como eu começara a ser alfabetizada, meu avô pedia que eu lesse a Bíblia para ele. Assim que eu terminava a leitura, com os olhos ávidos por histórias, ele pedia que eu explicasse o que tinha entendido. Algum tempo antes, no orfanato, nós recebíamos a visita de crianças que iam levar o evangelho, e naquelas ocasiões eu também tinha conhecido uma sensação ainda tímida de algo que aquecia minha alma. Foram as primeiras vezes em que me lembro de ouvir alguém falar de Jesus. Ao escutar aquelas pessoas contando a história de Jesus, pensei: "É com Ele que quero caminhar".

Talvez essa presença tenha nascido naquele instante em minha vida. Sempre que eu estava caindo em de um precipício, sentia que Ele estava me puxando para cima. Essa era a maior história de esperança que eu poderia vivenciar.

No período em que morei na roça, como não havia eletricidade, enchíamos uma vasilha de óleo e tiras de algodão, colocávamos o querosene dentro e, conforme aquele querosene ia queimando o algodão, o fenômeno trazia uma luz que aquecia e iluminava nossa casa.

Acho que o nome disso era esperança.

Eu, meu avô e minha avó jantávamos juntos, e no passar das noites vivíamos uma vida simples, mas que alimentava a minha alma. Nessa época, de tempos em tempos, três tios meus que moravam conosco viajavam, e eu ficava encarregada de ler e responder as cartas que eles mandavam.

Foi nesse período que comecei a perceber que existia uma vida além da casa dos meus avós.

Até então, tudo que eu conhecia tinha sido a casa da minha mãe e o orfanato, mas, ao fazer as leituras da Bíblia, comecei a entender que existia um mundo de possibilidades. As histórias de Jesus me fascinavam. Eu O acompanhava pelos caminhos entre o Rio Jordão e o Mar da Galileia, e, quando comecei a entender tudo que Ele dizia, percebi que a vida tinha movimento.

Então, passei a ir para a cidade e a ensinar sobre a Bíblia para as crianças mais novas. Era uma igreja pequena aonde eu chegava depois de caminhar muitos quilômetros — nós chamávamos de léguas. Aliás, quantas léguas caminhei em busca de água, com o balde na cabeça e o pote de barro no colo, para conseguir lavar roupa.

Ainda lembro do dia em que o caminhão pipa chegou à roça, e do dia em que meu avô conseguiu fazer um tanque pertinho da casa dele, até cavar um poço.

Anos depois do poço, veio a luz. E, quando a eletricidade fez esse milagre, a esperança pareceu voltar um pouco para minha vida.

Não há analogia mais perfeita para descrever a esperança do que a luz no fim do túnel. Todos nós temos em algum momento da vida a expectativa de fazer progresso.

Na época em que colhíamos o milho e fazíamos fogueira, eu sentia uma luz nos invadir. Era uma luz muito boa. A fogueira trazia sua chama para dentro dos nossos corações. As pessoas, os sorrisos. Era um momento de união da família.

Também me recordo de que, antes de acender a fogueira, deixávamos tudo ficar bem escuro, e nesse momento conseguíamos enxergar as estrelas. O brilho que elas tinham me fazia entender por que a escuridão existia: para que elas pudessem brilhar.

Como o banheiro ficava do lado de fora de casa, no mato, eu via as luzes da noite me dizendo que existia um mundo de possibilidades, que era infinito.

O significado da esperança

Estou abrindo meu coração para você porque sei que muitas pessoas não conhecem mais o significado da palavra *esperança*. Eu entendo o que é sentir isso. Já estive nesse quarto escuro onde não se enxerga mais nada. Nesses dias, que parecem não ter fim, vemos que estamos um passo atrás das pessoas, ficamos nos comparando com elas. Esquecemos nosso ponto de partida. Esquecemos que o que traz esperança é nunca olhar para o outro se sentindo inferior.

Quando saí da casa dos meus avós, da roça, e consegui entrar na escola, aprendi a sobreviver. Depois fui para Brasília, com dezoito anos, levando apenas a cara e a coragem para vencer na vida – e vi que tinha ido muito longe.

Desse dia em diante eu sempre lembro. "Olha, passei fome, passei frio, não tive comida, tive medos, mas estou aqui. Olha de onde eu vim. Olha aonde posso chegar."

Veja de onde eu vim. Perceba que sempre é possível dar o próximo passo antes de desistir. Saiba que existe essa força dentro de você. E entenda que tudo faz parte de um processo.

Um processo tem etapas, um passo para a frente e você pode continuar. Um passo por vez e você vai abrindo as portas certas.

Um passo.

De cada vez.

E você vai abrindo cada uma das portas. Essas portas nós vamos abrir juntos a partir de agora.

A alma forte
é uma alma
com virtudes,
uma alma que dá
ânimo para você
fazer as coisas,
a esperança.

A PORTA DO AUTOCONHECIMENTO

"Conhece-te a ti mesmo"

Essa frase, que é uma máxima da filosofia, foi a primeira porta que abri quando quis começar a crescer. De nada adianta conhecermos todas as técnicas e teorias se não conhecemos a nós mesmos.

E, para conhecer a mim mesma, eu precisava trilhar um caminho de volta para casa.

Eu precisava, antes de mais nada, conhecer os meus pais. Se você está num processo de cura interior, tem que saber da sua história, e ela começa com essas pessoas.

Nem sempre conseguimos entender o motivo de sermos como somos. Às vezes, acreditamos que o perdão é o único meio de lidar com as mágoas do passado, então ficamos nos cobrando para perdoar, mas o ser humano não é assim, nossas emoções não funcionam desse jeito. Por isso, a primeira coisa que eu queria te dizer é: o pedido de perdão mostra que a pessoa que fez algo de mal para nós está arrependida e traz um alívio momentâneo, mas não nos torna capazes de esquecer o que vivemos.

Um ano antes de eu me reencontrar com minha mãe, ela foi ao Piauí ver os meus avós. Tinha ficado 21 anos sem fazer contato e decidiu se reconectar com a família depois de se manter afastada de tudo e de todos. Nesse período ela decidiu que pediria perdão para todo mundo.

Esse episódio foi um marco na cidade.

Na verdade, saber daquilo conseguiu me deixar com mais raiva dela. E a raiva, quando não aceita, é um processo perigoso. É por isso que hoje eu falo que conhecer a si mesmo é entender e aceitar o que se sente, sem lutar contra esse sentimento.

Antes disso, aos catorze anos, eu tinha me encontrado com aquela mulher estranha, que eu não chamava de mãe, numa vinda a São Paulo. E o encontro me deixou ainda pior. Nessa fase, eu tinha sido duplamente maltratada. Nessa idade eu já tinha um grau de consciência muito maior sobre os níveis de maus-tratos que sofri, e isso me corroeu por dentro.

Então, dez anos depois, na fase em que eu mais prosperava, quando estava lutando para vencer, morando sozinha em Brasília, eu tinha uma franquia de escolas de inglês e colocava cem por cento da minha energia no trabalho para conseguir alguma coisa e me provar para alguém. E ela ressurgiu na minha vida.

Só lembro de entrar no banheiro atordoada e pensar: "Deus, me ajuda a escutar minha mãe. Eu quero só escutar, não quero julgar".

Perdoá-la nem passava pela minha cabeça.

Perdoar é difícil

Aqui é importante abrir um parêntese. O exercício mais difícil do mundo é escutar sem julgar. E nessa época eu sabia que ela tinha outros quatro filhos, a quem dedicava carinho e atenção. A mistura de sentimentos era intensa. Saber que eles tinham algo que eu não tive era bom e ruim ao mesmo tempo. Era bom porque eu via nela uma pessoa melhor. E era ruim porque não era fácil saber que eu havia sofrido tamanha rejeição enquanto as outras crianças foram bem recebidas por ela.

Conforme fazia minha oração dentro do banheiro, eu sentia que meu corpo estava congelando. No dia em que a encontrei, eu estava usando quatro peças de roupa e ainda tremia. Claro que não era de frio, mas eu jamais ia perceber isso.

Com 24 anos, eu ainda sentia as dores daquela menina de seis, trancada no banheiro só de short branco, no piso gelado e com frio. Acreditando na imagem que eu via no espelho, de uma jovem adulta bem-sucedida, eu não podia imaginar que aquela criança ferida estava tão viva dentro de mim.

Conhecer a si mesmo é entender quem somos, de onde viemos e por que fazemos o que fazemos. Eu tinha fugido daquele momento por toda a minha vida, mas estava ali, diante da mulher que me culpou por ter me colocado no mundo, que me causou tantos traumas e, que naquele instante, queria o meu perdão.

A sensação de estar diante dela era incapacitante. Eu mal conseguia descrever o que sentia. Talvez naquele momento não sentisse muita coisa, na verdade. Até evitava sentir.

Ela começou a me encarar e a falar, com palavras simples e diretas, tudo que se passava por sua mente e seu coração. E, à medida que ela ia falando, meu tremor ia diminuindo. Meu corpo respondia imediatamente. A conversa demorou oito longas horas, nas quais fui me reconectando aos poucos e tirando cada um dos casacos que cobriam meu corpo. Até ficar praticamente sem proteção.

Eu não precisava mais me proteger dela.

Cada camada de roupa que eu tirava parecia simbolizar um momento de libertação.

Então, aconteceu uma coisa espontânea e inédita. Meu coração pareceu voltar a sentir.

Se o nome é perdão, não sei dizer. Eu tinha levado anos, muitos momentos de conversa, trabalhos, curas e processos de imersão com cura interior. Já tinha literalmente colocado tudo para fora, vomitado mesmo, e naquele instante me sentia em um ponto em que me reencontrava com minha própria história.

Dentro de mim tinha acontecido uma busca constante. Algo que ninguém conseguia entender. Talvez nem eu mesma ainda fosse capaz de digerir tanta coisa. Mas, ao longo dos dias que se passaram, ficamos juntas e pela primeira vez tentei vivenciar uma relação de mãe e filha.

Finalmente, mãe e filha

Esse nível de intimidade eu jamais tinha experimentado. A ponto de me deitar no colo dela. A ponto de abraçá-la.

Quando a chamei de *mãe* pela primeira vez, entendi que tinha superado uma fase muito importante para minha evolução.

Mas a vida nos proporcionou uma oportunidade ainda maior. Nos reaproximamos intensamente até o dia das mães de 2011, quando ela disse "me liga às onze da noite", porque tinha um bolo de noivado para fazer.

Liguei no horário combinado e ela comentou que tinha sido o melhor dia das mães da sua vida por diversos motivos. O fato é que uma das minhas tias também havia ligado para ela. Depois, minha mãe foi deitar e, eu não sabia, mas aquele seria nosso último telefonema. Naquela noite ela sofreria um AVC e faleceria um dia depois.

Naquela madrugada eu não sabia, mas herdaria quatro filhos para criar. Viraria a mãe dos meus irmãos e me tornaria a responsável por toda a família. E naquele momento eu vesti uma capa. A capa da supermulher, da super-heroína, daquela que não chora nem sofre.

Era uma responsabilidade absurda, somada a uma culpa muito grande.

Passei a ter raiva de mim e vivi todos os níveis do luto. Entendi muito tempo depois o quanto aquilo era importante e sabia que não é do dia para a noite que se cura nada.

Precisei de anos para entender a mim mesma.

Até cicatrizar, não é nada simples. Esse processo não se completa do dia para a noite, e isso as pessoas precisam entender. Que tudo na vida é um processo. Que não existe uma fórmula mágica. "Ah, hoje você vai lá e amanhã você vai aplacar essa dor, ou você vai perdoar a pessoa..." Não. Tudo é um processo que envolve pensar, sentir, agir. Não adianta querer simplesmente apagar com a borracha, porque a gente passa por experiências.

Demoramos anos para construir padrões. Para agir do jeito que agimos. E isso não funciona de maneira linear. Não é uma linha reta, não é do dia para a noite: é uma estrada.

Hoje eu falo muito sobre *processo*. Os processos estão em tudo, inclusive na venda. E lidar com eles é uma habilidade que eu desenvolvi fortemente com a virtude do exercício da paciência.

Não pense que essa virtude nasceu naturalmente em mim. Ela se desenvolveu com muita intensidade.

É interessante porque, conforme vamos nos conhecendo melhor, entendemos que as virtudes não nascem com a gente; nós desenvolvemos essas virtudes ao longo da vida, de acordo com as experiências que vamos vivenciando. Por exemplo, a resiliência. "Ah, seja resiliente." Não adianta, você não vai ler um livro e simplesmente começar a ser resiliente. Você vai ser resiliente a partir do momento em que começar a enfrentar as coisas da vida com coragem, para conseguir construir essa condição de resistência e flexibilidade ao mesmo tempo. A mesma coisa acontece com a paciência.

A construção das virtudes ganha o seu espaço quando atingimos um nível em que não fugimos da experiência. Depois que você enfrentou aquela experiência, entende que é capaz de passar por aquilo.

Amadurecimento: uma metamorfose humana

Esse processo de metamorfose humana se chama *amadurecimento*. E ao amadurecer você vai adquirindo virtudes. À medida que vamos adquirindo virtudes com o que chamamos de conquistas, de acordo com as experiências que vamos vivenciando, fortalecemos a nossa alma – e, quanto mais forte uma alma se torna, mais livres somos.

Acontece que muitos passam pela vida sem viver os processos de amadurecimento. Mesmo que nossa alma anseie por evolução, não nos fortalecemos. Vamos deixando as coisas acontecerem conosco.

Só que, na vida, não podemos ter o corpo forte e a alma raquítica. É necessário fortalecer a alma, pois é ela que dá força para o ser humano. A alma forte é uma alma com virtudes, uma alma que dá ânimo para você fazer as coisas, a esperança.

Somos seres integrais, feitos de corpo, alma, espírito, mente e coração.

Ver meu avô sendo aquele homem paciente e sábio me enchia de vontade de ser como ele, mesmo que meu natural fosse um temperamento diferente: eu achava que tudo era para ontem.

Hoje entendo que até mesmo o autoconhecimento é um processo. E eu comecei a viver vários processos na minha vida. Quando falamos de esperança, falamos de paciência, porque podemos ter aquela fagulha no coração, mas precisamos exercitar, esperar o tempo de as coisas amadurecerem.

E falar de processos é vivenciar a minha história. É lembrar da minha avó costurando minha boneca de pano enquanto meu avô ia para a roça. É entender que ela fez cada retalho da colcha mais preciosa que carrego até hoje comigo.

Quando morava com a minha avó, eu a ajudava a limpar a casa, a varrer, a lavar roupa, a organizar tudo. E sem tom de exploração. Eu aprendia que o processo era isso. Porque as crianças de hoje não sabem o que é processo. A criança está sentada e recebe a comida pronta; ela não sabe que teve alguém que descascou, alguém que cozinhou, alguém que ferveu, e então chegou a comida até ela.

Essas crianças passam num fast-food e já encontram a comida pronta, a roupa está arrumada em cima da cama. Elas não organizam suas coisas, a casa se limpa sozinha. A questão é que todos precisam entender que existem funcionamentos que são processos. As crianças têm que entender que a vida é feita de processos. Por quê? Essa coisa do automático, do "nasceu pronto", acostuma a criança a receber tudo que deseja. Por que hoje vemos tantos adultos que acham que as coisas acontecem num piscar de olhos? Porque eles foram criados por pais que não lhes permitiram viver os processos.

E tudo depende da maneira como a criança é envolvida na atividade. Minha avó, mesmo analfabeta, soube me envolver nas atividades. Passei por muitas casas na adolescência, e vivenciei experiências de exploração. Mas eu entendia a diferença.

Com minha avó eu trabalhava no canteiro, plantava cebola, coentro, tomate, aguava, esperava crescer. Quando crescia, eu colhia com todo o amor do mundo de quem soube esperar. Ela também me ensinou a cortar e cozinhar a abóbora. Etapa por etapa.

Passei por outra etapa, que foi a fase do pão. Morei por um tempo na casa de uma tia. Eram treze pessoas na mesma casa, pessoas que, como eu, queriam estudar e vencer na vida. Minha tia fazia pão para vender, e desse trabalho vinha parte do sustento da família. E teve um dia em que cheguei para ela e falei: "Tia, por que que a gente não faz mais pão no sábado e eu vendo na feira? Eu podia também vender pão durante a semana, na escola. O que você acha?". Nessa fase eu passei a acordar às cinco da manhã para fazer pão junto com uma prima.

Acho importante trazer essa lembrança, já que uma coisa é uma coisa, outra coisa é outra coisa. Ensinar processos para uma criança é muito diferente de romantizar a exploração infantil.

Não há beleza na infância roubada. Não, essa criança não está empreendendo, ela não tem espírito empreendedor. Ela está fazendo aquilo por necessidade, porque alguém lhe impôs.

A verdade é que a vida toda é um processo de autoconhecimento que nunca para. E ajudar as pessoas a olhar para a sua história e entender como cada momento a trouxe até ali é o que faço nos meus programas de treinamento, nas mentorias. A primeira pergunta que quero responder é "onde eu estou?". Logo depois, "aonde eu quero chegar?", e, então, "como eu vou chegar?".

Quando falo de esperança, é porque recebo pessoas que acreditam ter perdido o direito de sonhar. Quem não consegue mais sonhar não consegue planejar. Quem não conhece a si mesmo não sai do lugar. Só navega pela vida, sem esperança.

A PORTA
DA ATITUDE

Atitude, para mim, sempre foi algo contínuo. Durante muito tempo eu não pude tomar atitudes, já que até os dezoito anos sempre decidiram tudo por mim. O problema é que sem decidir não tem como agir na mesma direção.

Talvez você tenha aprendido muito cedo a decidir o que era melhor para você, mas imagine alguém que nunca tomou uma atitude diante de um mundo de possibilidades. Há sempre dois caminhos a serem seguidos: ou a pessoa não sabe o que fazer, já que só conhece a vida quando alguém a leva pela mão, ou está sedenta para ter o protagonismo da própria existência. E então algo mágico acontece: essa pessoa se liberta e entende que, a partir daquele instante, ela pode decidir para onde ir, com a certeza de que suas decisões a levarão a um resultado.

A escolha era minha

Lembro que, entre os quinze e os dezoito anos, eu tinha alguns tios que já estavam mais estabelecidos profissionalmente. Eram consideradas o tipo de pessoa que "venceu na vida", por causa dos trabalhos que faziam ali na cidade. Foi nesse momento que eles entenderam que eu era uma menina esforçada e decidiram que iriam investir juntos para me colocar numa faculdade de medicina.

Medicina, na cabeça deles, seria uma coisa que daria dinheiro para a família, e eles queriam apostar em mim como se aposta num cavalo de corrida. E eu comecei a ficar incomodada. Estava cansada de ser sufocada, de ver pessoas decidindo meu destino, e entendi que aquele momento seria um marco na minha vida.

Só para fazer um retrospecto, eu tinha quinze anos e minha tia de São Paulo comprava coisinhas para eu vender. Bijuterias, acessórios para adolescentes, xampu e condicionador, perfume, creme, coisas que no mês seguinte ela conseguia adquirir de novo com o lucro que eu enviava para ela. Nessa fase eu tinha feito um curso de telemarketing, o primeiro curso que chegou na cidade. Eu tinha ficado em primeiro lugar entre todos os alunos da cidade e estava enxergando algo além do que via.

Meu sonho era ser secretária, recepcionista. Foi a primeira profissão que eu entendia claramente como funcionava.

Então, fui vendendo coisas e juntando dinheiro... e só conseguia pensar que, assim que completasse dezoito anos, eu queria ter minha independência financeira. Passei a dar aulas de reforço para crianças, e o negócio cresceu de tal forma que a dona da escola me contratou para lecionar para crianças pequenas.

Então naquele momento eu pensei em cursar o magistério, passando a conhecer duas profissões: a de secretária e a de professora. E me apaixonei pelas duas.

Só que meus tios queriam decidir meu destino, e o destino dos outros não se decide assim, num instante. Pelo menos comigo não ia ser daquele jeito que imaginavam que seria.

O fato é que todas as manhãs eu ia para a escola estudar e à tarde alfabetizava meus primos menores e outras crianças de quatro, cinco anos, até me tornar professora do ensino infantil, levar as crianças para um concurso de oratória e ver os alunos do segundo ano ganharem da turma do quinto ano.

Essa era a prova de que havia algo que eu sabia fazer bem. E não tem nada melhor do que descobrir um dom em nós.

Nessa época, comecei a conhecer pessoas de Brasília e articulava algumas coisas na minha cabeça, sem compartilhar com ninguém. Decidi então conversar com meus avós para saber o que eles pensavam da minha decisão.

"Eu quero ir para Brasília para trabalhar, estudar e vencer na vida", falei para eles. Minha cabeça fervilhava. Era como dizer "agora quero tomar minhas próprias decisões." E não era para eles, e sim para os meus tios, que eu diria isso.

Quando amamos as pessoas que auxiliaram na nossa criação e decidimos fazer algo diferente do que elas esperam de nós, é uma ruptura bem difícil. Porque o amor que temos pelas pessoas muitas vezes nos impede de pensar com a nossa própria cabeça antes de aceitar o futuro que elas acreditam ser melhor para nós.

Muitas pessoas, para não desagradar figuras como o tio, o pai, a mãe, a avó, acabam deixando que suas vidas sejam direcionadas para longe de seus sonhos. E naquele momento eu corria esse risco.

Quando isso acontece, você pode se desviar do seu sonho; pode ser manipulado e iniciar uma vida diferente do que o seu coração queria. Só que o preço é alto. Você passa a sofrer as consequências: pode desenvolver algum distúrbio psicológico, compulsão ou ter uma infelicidade crônica. Ninguém sai imune da frustração de um sonho não realizado.

O vazio da "não realização" é tão grande que você precisa preenchê-lo com alguma coisa – comida, bebida, qualquer coisa. O corpo passa a dar seus recados e eu não tinha a dimensão disso, mas sabia que precisava da bênção dos meus avós. Mesmo que eu quisesse apenas informá-los, e não pedir sua permissão, para mim era importante saber o que eles tinham a dizer.

Os meus avós olharam para mim e disseram: "Filha, nós confiamos em você. Vai, vai. Nós confiamos e acreditamos em você".

E eu fui. Tive muito medo, mas eu fui.

Só que decidir deixar de lado a medicina, que meus tios sonhavam e acreditavam que seria o melhor para mim, também era fechar uma porta.

No fundo eu estava deixando uma possibilidade de lado, então pensei: "Cara, e se meus tios estiverem certos?". Enfrentei esse conflito interno, mas precisei tomar minha própria decisão.

E nesse dia eles deixaram claro que, caso eu tomasse outro caminho, eles não iriam mais me ajudar.

As atitudes cobram um preço

O preço de bancar nossas escolhas é muito alto. Talvez esse seja o motivo de tantas pessoas se recusarem a tomar decisões.

Hoje vemos muitos querendo determinar o caminho de alguém, oferecendo uma pseudoajuda. Quando nos recusamos a atender o que as pessoas querem, elas dizem: "Ah, então tá. Você que caminhe com as suas próprias pernas. Já que você sabe o que quer, o seu destino é esse". E essa chantagem emocional fica registrada na nossa psique, nos deixando com medo de fracassar.

A libertação tem o seu preço. Por que as pessoas hoje não tomam atitudes, e não sabem fazer escolhas? Exatamente por isso. Porque ninguém quer pagar o preço do "abandono". Ninguém quer pagar o preço do "hum, não vou poder contar com a minha família". Na verdade, é muito fácil e cômodo seguir um caminho que todo mundo acha certo.

Agora, a questão é: quando você decide trilhar o seu próprio caminho, a Porta da Atitude se abre. Essa porta, uma vez aberta, não tem caminho de volta. Você não volta mais.

Assim que saísse pela porta da casa dos meus tios, eu não poderia retornar.

Tomar uma atitude quando você tem um chão debaixo dos seus pés é fácil, mas caminhar numa estrada que você não vê exige uma fé absurda naquilo em que você acredita. Daí nasce uma insegurança brutal de ser obrigado a lidar consigo mesmo – e sem ter o backup de saber que, se alguma coisa der errado, é possível voltar.

No meu caso eu paguei para ver.

Quando fui para Brasília, enfrentei uma hostilidade muito grande de todos os lados. Tanta falta de acolhimento e dureza me fazia acreditar que eu poderia ter cedido. E começou um inferno na minha mente. O inferno do "e se?".

O "e se?" é a coisa mais danosa que existe na vida.

No entanto, naquele momento o que contrastava com o "e se?" era uma motivação, que era maior do que eu. Eu sabia que tinha um motivo para agir. Literalmente eu tinha uma motivação muito forte, que eram os meus avós. Era incrível, porque eu não estava fazendo nada para provar algo para eles; estava fazendo para honrar tudo que tinham feito por mim.

Então, quando eu pensava "e se tivesse feito medicina, será que eu estaria passando por isso? Fome, frio, medo?".

E logo em seguida eu pensava: "Mas eu falei para os meus avós que eu ia conseguir, e eu vim para isso". Era um contraste que mexia com tudo dentro de mim e acendia um fogo interno que me fazia entender que precisava fazer as coisas acontecerem.

Simon Sinek tem um livro de sucesso chamado *Comece pelo porquê*. E eu sempre digo que temos nosso porquê. Seja o sorriso no rosto de alguém que você ama; você vê uma pessoa com o coração cheio e fala "valeu a pena"; você vê o seu pai feliz; você vê alguém que ama satisfeito com aquilo. E esse "porquê" deve ser encontrado o mais rapidamente possível. Se a pessoa não tiver um porquê, ela precisará encontrá-lo.

É nisso que eu acredito. Meus alunos sempre me perguntam: "Como que você consegue levantar com tudo que passou na sua vida?". E nesse momento eu divido com eles o Círculo de Ouro, que são perguntas-chave para nossa existência.

As perguntas são "Por que você existe?", "Por que você está aqui?", "O que é maior do que você?".

Você tem que encontrar esse "porquê". Se não fizer isso, vai ficar andando em círculos e entrar naquele ciclo de "ah, eu não ganhei dinheiro", ou "ah, não sei o quê", porque está só ali, na corrida de rato. Se você não encontra um "porquê" para abrir a porta, não passa pela Porta da Atitude. E você precisa abrir essa porta sozinho, já que ela só abre pelo lado de dentro – diferente das portas automáticas, aquelas que abrem sozinhas quando você chega perto, essa está fechada.

É difícil, porque você tem que ter muita certeza. Antes de abrir a Porta da Atitude, você deve tomar uma decisão, uma decisão interna que só você pode tomar; ninguém pode fazer isso por você.

Tomar uma atitude quando você tem um chão debaixo dos seus pés é fácil, mas caminhar numa estrada que você não vê exige uma fé absurda naquilo em que você acredita.

O protagonista da sua vida

A maioria de nós toma atitudes reativas, do tipo "eu vou abrir essa porta se alguém bater". É você que tem que tomar a atitude de ir e de construir o seu destino, porque nada vai cair no seu colo.

Eu estava com quinze para dezesseis anos quando ganhei um livrinho do Augusto Cury que falava sobre protagonismo. Era um livro de bolso que me alimentou durante anos. E ele me ajudou a me fortalecer para tomar a atitude que mudaria minha vida.

Mas nem todas as atitudes são decisões que mudam a vida. Muitas vezes temos que decidir entre ir ou não ir a um lugar e não sabemos se devemos investir naquilo. Nossa mente diz "Ah, mas aí eu vou gastar muito num final de semana", e o que eu te pergunto é: o que você vai ter de ganho nisso?

"Ah, eu vou fazer uma viagem. Será que vale a pena gastar isso num final de semana?" Mas e o prazer que vai te trazer?

Isso vale para tudo. Os investimentos para a sua vida e para os seus sonhos. "Vou me aprimorar para isso, porque essa preparação vai me deixar mais capaz de realizar meus objetivos com sucesso." Se você acha o porquê, vai ser capaz de tomar as decisões, e você vai abrindo as portas porque estará pronto.

Uma das coisas que podem brecar você é o merecimento. É frequente as pessoas deixarem de tomar decisões pequenas por não se acharem merecedoras daquele avanço. E o não merecimento tem raiz na rejeição.

No meu caso, como eu tinha uma conexão muito forte com a rejeição, era difícil fazer algo que desagradasse às pessoas que me amavam. Era como se eu precisasse da aprovação de todo mundo. Quebrar esse ciclo é muito difícil, mas é essencial para crescer.

Muitas pessoas não tentam ser felizes, porque seus pais não foram felizes. "Quem sou eu para ser feliz?", me disse uma aluna certa vez. E ela se sabotava porque seu inconsciente estava ativo nisso. "Eu posso chegar até aqui. Daqui em diante, quem sou eu para ter um carro melhor que o dos meus pais? Quem sou eu para ter uma casa melhor que a dos meus pais? Quem sou eu para ter uma vida melhor que a dos meus pais? Quem sou eu para ter mais saúde que os meus pais?"

Essa moça boicotava a si mesma para não ter sucesso. E, ao invés de abrir uma porta, colocava tijolos para impedir que ela fosse aberta.

Lembro dos vários momentos em que me vi obrigada a romper com isso. Lembro que, para ter uma cama melhor, um lençol melhor, coisas simples, eu pensava assim: "Meu Deus, mas olha só, eles estão passando necessidade". Isso sempre foi muito forte.

É difícil fazer esse rompimento mental, mas, uma vez quebrado, nos faz avançar. Você vai para o próximo nível e transborda abundância para si mesmo e para as pessoas ao seu redor.

Depois disso, vieram vários rompimentos na minha vida. De ideias, de estratégias, de literalmente buscar formas de ajudar, de levantar recursos, de conseguir comida, de encontrar maneiras de auxiliar instituições.

Isso é incrível, porque requer uma simples atitude que você precisa tomar para atrair prosperidade em um nível altíssimo. No momento em que você toma essa atitude, não tem volta. Você só vai crescer, avançar e prosperar.

A questão é que temos medo do que está esperando do outro lado da porta. É por isso que não a abrimos. O que tem lá fora é totalmente desconhecido.

Atitude é tudo, e só a atitude permite que você abra essa porta. Essa porta pode te levar para o futuro com o qual você sonha. Antes disso você não consegue, você fica fechado no quarto, onde estão as vozes da sua mãe, do seu pai, dos seus avós, todos os modelos que você observa. Tudo isso é confortável e parece te trazer segurança.

Você está num quarto seguro, não está num lugar ruim. É melhor ficar nesse quarto ou abrir a porta e ir lá para fora, onde você não sabe o que tem?

Então, para a maioria das pessoas a Porta da Atitude representa um risco, porque elas têm medo de sair do quarto seguro, um lugar onde elas contam com a aprovação do pai, do tio, da avó, de quem quer que seja esteja tutelando as decisões dela. Abrir essa porta é bancar a si mesmo.

A partir do momento em que você banca a si mesmo, está dando a cara para a sociedade bater. Todas as pessoas que não abriram suas próprias portas vão olhar e te criticar.

Elas vão falar: "Ah, ele vai voltar. Está vendo? Ele vai se arrepender de estar lá". Isso acontece porque elas não têm coragem de abrir a sua própria porta. Então, se der certo para você, isso vai mostrar a falta de coragem delas de ter tomado uma atitude. Para elas é muito melhor que dê errado para você.

Sofrer essa pressão é bem difícil, porque na maioria das famílias não é todo mundo que tem a coragem necessária para romper o ciclo.

Na primeira pedrada, você tropeça e diz: "Que arrependimento amargo, que horrível". E ainda tem os olhares. Tem as palavras de verdade, que às você escuta; o julgamento está ali o tempo todo, e o autojulgamento também.

Pior que o julgamento de fora é o de dentro.

Muitas vezes você tem que entender que tomar uma atitude nem sempre significa que aquilo vai deixar você realizado. O mais legal, porém, é que a porta da primeira atitude abre para um corredor com centenas de outras portas. E aí, não é porque você tomou uma atitude que ficará preso naquele lugar; você terá aberto centenas de portas, e agora pode ir para qualquer lugar.

É comum as pessoas ficarem presas ao paradigma de que a decisão foi tomada e nada mais pode ser feito. Mas você vai caminhar para outro lugar, sem necessariamente ter que voltar para o mesmo caminho.

Ninguém pode se tornar refém de uma decisão que às vezes não foi bem colocada no momento. Talvez tenha sido uma decisão precipitada, mas pelo menos foi uma decisão.

Tem gente que passa a vida inteira sem tomar uma decisão. E o "não tomar decisão" já é uma uma escolha. Aonde isso vai te levar?

Não tomar decisões pode te levar para um buraco

Conheço pessoas que estão mentalmente doentes, vivendo à base de remédios e álcool por não terem tido coragem de ir adiante com seus sonhos.

Existe um padrão. Quando você vive em um mundo de aparências, em que não toma atitudes, engole um sapo aqui, outro ali, vive uma pseudofelicidade, e se pergunta como vai quebrar esse *status*.

A sociedade está doente num nível assustador. Quando se chega ao ponto de querer tirar a própria vida, esse é um momento em que não se consegue mais tomar uma decisão. Quando a pessoa atinge esse estágio, a primeira coisa que deve perguntar a si mesma como está a vida dela do outro lado em relação à tomada de decisão.

Eu sei, porque já cheguei a esse "dia-limite". Esse dia chega quando uma pessoa não tem coragem de dar o primeiro passo, porque tem alguma coisa que a prende. Ou é um relacionamento abusivo, ou é a família, ou a dívida está muito alta, talvez até uma dívida causada por um negócio que não deu certo.

A pessoa imagina que é melhor tirar a própria vida a enfrentar um nível tão alto de pressão interna.

Isso acontece porque não fomos ensinados a agir. Não fomos ensinados a tomar decisões. A escola sempre nos disse o que fazer, e como fazer. Copie a lição, repita aquilo trinta vezes e vá para casa. Você não se acostuma a questionar.

Você repete, desde criança, aquilo que ouve. Coitado do aluno que resolve questionar o professor. Coitado do aluno que resolve tomar uma atitude diferente. Ou ele fica malvisto, ou é expulso da sala de aula. Ele não pode decidir, não pode tomar atitudes.

Para a sociedade, especialmente para as autoridades, é muito mais fácil lidar com pessoas que obedeçam e façam tudo igual ao que todo mundo faz.

Não digo que decidir é sempre perigoso, mas uma tomada de decisão individual faz as pessoas no entorno perceberem e perguntarem a si mesmas se também podem ter tal liberdade.

A pergunta é: e aí? Como vamos controlar essa gente toda se cada um sair tomando a sua decisão?

É muito mais fácil controlar pessoas que não têm a sua individualidade respeitada. Pessoas que seguem regras e padrões estabelecidos socialmente, que não respeitam o próprio querer.

Tem dois pontos extremos aqui, muito importantes em relação a isso. O primeiro tem a ver com relações de amizade, de sociedade ou afetivas que são abusivas.

Normalmente a pessoa entra numa relação dessas por necessidade. O casamento por carência é um exemplo.

Por outro lado, muitos se separam por falta de maturidade, por falta de atitude de enfrentar as coisas. Na minha visão, um casamento saudável, uma relação madura, envolve duas pessoas que já enfrentaram muitas coisas separadamente. Um relacionamento normal pressupõe desafios, os desafios do dia a dia, dos horários, das coisas que acontecem no cotidiano, e é natural existirem conflitos. A menos que você seja um monge e more no Himalaia, os conflitos humanos fazem parte da sua vida.

Existem conflitos, e não quero que você pense coisas do tipo "por causa do conflito a gente vai terminar". Por causa do conflito a gente não tem que terminar, e sim perguntar "o que precisamos resolver aqui? É a comunicação que a gente tem que resolver? Vamos resolver a comunicação! É a organização? Vamos resolver a organização!"

No dia a dia, numa relação de negócios, alguns vendedores simplesmente desistem da venda porque o cliente trouxe uma objeção, ou seja, um conflito. Ele simplesmente não enfrenta a situação e fala: "Ah, tá bom, tudo bem". E segue para o próximo.

Isso acontece o tempo todo, com tudo ao nosso redor. Como quando alguém vem trabalhar na sua casa. Às vezes você não gosta de algo que ela faz, e você conversa com ela. "Olha, aqui é melhor você fazer assim. Podemos chegar num consenso?"

Na época em que era franqueada da Wizard, eu fechava contratos para formar equipes comerciais para trabalhar em algumas empresas, e uma das empresas que me contratou foi uma faculdade em Brasília.

O dono da faculdade era o tipo de pessoa que pensa assim: "Vou deixando, deixando, deixando, deixando, deixando...". Só que, quando entrei para formar a equipe comercial, comecei a ver um monte de coisas erradas ali dentro.

Quando cheguei, ele começou a enxergar também algumas coisas que estavam acontecendo e me delegou para fazer uma demissão em massa na empresa. Eu, com 23 anos, tive que demitir uma diretora que estava na empresa havia anos.

Lidando com as perdas

Com o tempo, fui me tornando uma especialista em desenhar processos de desligamento. A pessoa saía da empresa feliz, enxergando o outro lado da porta.

Boa parte dos funcionários estava sedenta para ser mandada embora, mas não tinha coragem de pedir demissão. Quando percebi isso, enxerguei um padrão. Era muita gente com medo de tomar decisões.

É na tomada de decisões difíceis que estão os conflitos. Na atitude, porque a partir dela tudo pode mudar. Mas também temos que fazer a gestão de conflito: "Não, eu prefiro ficar quietinho a ter que gerir um conflito aqui".

E a estagnação cobra o seu preço a longo prazo.

Todo mundo teve o seu propósito, sua missão, seu porquê. Cada um, por menor que seja o seu porquê, não quer entender o porquê do outro. Acontece que vamos deixando a vida acontecer.

Quando escolhemos não abrir a Porta da Atitude, não tomamos decisões porque não queremos ter perdas. Só que temos perdas por não tomarmos uma decisão.

Tive que renunciar a algo para tomar uma decisão naquele momento, e as tomadas de decisões provocam perdas momentâneas, que são necessárias. Primeiro dói, para depois você ter uma colheita farta.

Você vai ter que abrir mão de muitas coisas. Do orgulho, principalmente. E lembrar da sua força para seguir adiante mesmo sem ver ver resultados a princípio.

Se hoje você decidir "quero viver até os cem anos", deve se perguntar: "Então, o que eu preciso fazer?". Aí, hoje mesmo vai começar a suplementar, a fazer exercícios, e não vai ver o reflexo disso nos exames de amanhã. Se fizer exames amanhã, eles vão corresponder aos últimos anos.

Agora, se daqui a um ano você continuar no ritmo, vai realizar os exames e tudo estará maravilhoso.

A pergunta é: "Quais são as decisões e atitudes que você tem que tomar agora?". Porque não é assim: "Ah, amanhã então eu vou colher o resultado". Não. Daqui a um ano você vai fazer o seu check-up e o resultado vai ser ótimo, se você fizer seu dever de casa todos os dias.

A vida é assim, e você não precisa acordar para isso aos sessenta anos, quando estiver prestes a se aposentar. E também não precisa nem chegar ao estado terminal. Em determinado momento da vida as pessoas se veem lidando com um monte de problemas de saúde — obesidade, diabetes, hipertensão — e culpam a idade, mas isso não tem nada a ver com a idade; hipertensão é estilo de vida, diabetes é estilo de vida, obesidade é estilo de vida, toda doença crônica é estilo de vida. Ou você muda o estilo de vida e corta isso, ou não, e então vai ficar dependendo de remédios. Tudo é estilo de vida.

Só que dói no começo.

Para assistir ao documentário que conta a minha trajetória, aponte a câmera do seu celular para este QR code.

A PORTA
DO PROGRESSO

Se você enfrenta muitas limitações financeiras, é porque tem limitações mentais, e elas geram um comportamento que acaba refletindo nas outras áreas de sua vida.

Pode perceber: você deve conhecer alguém que vê uma coisa em promoção, não precisa daquilo, mas compra dez itens só porque está barato, para estocar. Essas pessoas têm medo da falta, da escassez, e pautam a vida em torno da segurança que o dinheiro pode proporcionar. E nunca saem do quadradinho.

E é esse o aspecto financeiro que eu quero trabalhar. Tenho certeza de que as pessoas são capazes de ressignificar a crença da escassez, porque é uma questão de escassez. É uma mentalidade de escassez.

Para essas pessoas, o mundo está sempre em crise; elas não enxergam oportunidade em absolutamente nada.

Esse é o comando, essa é a voz, e isso se torna uma crença que vai de geração para geração.

O que eu quero que você entenda é que é preciso romper com uma crença hereditária. A vida é sua, e daqui para a frente a responsabilidade é sua. Muito provavelmente você não teve educação financeira. Pelo contrário, deve ter sido educado a poupar sempre, porque amanhã pode faltar.

Lembro claramente do dia em que a pandemia estourou. Eu tinha ido para Goiânia dar uma palestra e, quando voltei para Brasília, aquele silêncio absoluto. Somente os supermercados estavam cheios, porque o povo estava comprando tudo para estocar. Isso é interessante porque existe um fator que gera um grande problema: as pessoas não estão pensando em guardar, em construir uma reserva financeira, e sim uma reserva de coisas.

Existe um medo muito grande de guardar dinheiro em uma instituição financeira. Essa instituição vai gerar juros compostos e você pode diversificar seus investimentos. O problema é que existe um medo: "Cara, por que eu vou guardar lá? Vai que vem de novo uma crise mundial, algum novo Collor aparece, aí o meu dinheiro vira fumaça de novo?". É a falta de conhecimento aliada à carência de educação financeira.

Aprendi a poupar pegando um pedacinho do meu dinheiro todo mês e guardando na previdência. Mas investir é diferente de poupar. Poupar é guardar o dinheiro, é como se você estivesse colocando suas economias em um cofre; já uma conta de investimento é diferente: lá você coloca o seu dinheiro com o objetivo de multiplicá-lo, de vê-lo crescer.

Quando pensei em começar a investir, caí numa cilada muito terrível, a mesma cilada em que vejo muitos brasileiros caindo hoje: o lance das pirâmides financeiras. Na época não perdi uma fortuna, mas foram 25 mil reais de prejuízo. Tudo isso por ter acreditado em uma pessoa que chegou com as credenciais certas e com a promessa de um retorno mensal sobre aquele dinheiro.

Eu não tinha conhecimento nenhum sobre o assunto e me deram garantia de retorno, inclusive em contrato. Investi os 25 mil e acho que tive retorno por dois meses; no terceiro a pirâmide estourou. Afinal, o que é a pirâmide financeira? Eles pegam o meu dinheiro, pagam outro investidor e vão conseguindo mais pessoas para ir pagando quem entrar depois.

Estou contando isso porque já vi muita gente caindo em fraudes, perdendo todo o dinheiro.

Por isso fui logo estudar, porque não queria perder mais nenhum centavo, muito menos ser enganada ou passada para trás. Eu sabia o quanto tinha me custado ganhar aquele montante.

Em dado momento eu trabalhava tanto que nem queria saber de dormir. Só queria trabalhar para ter dinheiro. Ao longo da vida, passei por muitas fases de escassez, mas vou contar sobre a fase em que eu fui obrigada a me transformar.

Ter um propósito é essencial

Quando cheguei em Brasília, fui morar com duas pessoas, um casal de irmãos, que eram da cidade vizinha à minha. Eles eram filhos da enfermeira mais conhecida da cidade e estavam procurando uma terceira pessoa para dividir o aluguel de um miniapartamento, que consistia em uma sala pequenininha, uma cozinha e um quarto. Os dois dormiam no quarto e eu dormia na sala, em um sofá-cama bem duro. Eu só tinha quatrocentos reais, das economias que tinha juntado ao longo dos últimos anos.

No mesmo dia em que cheguei nessa casa, consegui um trabalho em uma pizzaria. A vizinha da frente era gerente lá, e, assim que a conheci no corredor, conversamos um pouquinho e eu falei: "Olha, cheguei aqui em Brasília, estou procurando trabalho. Se você souber de algum para me indicar...". E ela logo respondeu: "Nós estamos com uma vaga para ajudar o pizzaiolo a montar as pizzas. Você topa?". Imediatamente aceitei.

Eu chegava lá à tarde e ficava até o fim do expediente. Comida? Restos de pizza e olhe lá!

Mas meu objetivo era claro: ser recepcionista.

Então, comecei a ir todos os dias para a agência do trabalhador, e eles me encaminhavam para várias entrevistas de emprego. Chegava em casa por volta do meio-dia e ia para o trabalho. Comia o que tinha: pizza, biscoito recheado e rapadura. Era o que estava à disposição naquele momento.

Depois de um tempo, eu já estava muito cansada de receber nãos. As pessoas me recusavam alegando que eu não tinha experiência.

Eu precisava de uma solução. Então, fui conversar com a psicóloga da agência e contei um pouco da minha história para ela. Ela, muito delicada e atenciosa, me indicou para um curso profissionalizante.

Consegui uma promoção, peguei praticamente todo o meu dinheiro, paguei a matrícula e comecei a estudar.

Nessa época, a escassez não era uma escassez da mentalidade. Era uma escassez de dinheiro, mas eu conseguiria muito em breve multiplicar o que ganhava ao fazer o investimento naquele curso.

É vital saber diferenciar isso, senão fica um discurso muito desconectado da realidade.

Eu vivia uma escassez real e pensei: "Vou dar um basta nesta situação".

Às vezes as pessoas batem no peito com o discurso de "mas é mindset, é mentalidade", tentando banalizar a situação de quem está passando fome, sem ter o básico, simplesmente sobrevivendo.

Eu falo com conhecimento de causa: estava no limite entre passar fome ou não.

E, sabendo que tinha poucos recursos, tentei construir recursos com aquilo que estava à disposição. Eu poderia me acuar numa situação de "não existem recursos, não tem o que fazer, eu vim de uma infância pobre, não tenho saída, acabou para mim". Só que a minha mentalidade era tão forte que não deixava que eu ficasse parada nesse lugar.

Eu sabia que a limitação não estava só no físico; a limitação ali era decorrente também de uma série de atitudes, que é uma coisa que eu tinha, e de conhecer a minha história.

Então, abri a porta do conhecimento, a Porta da Atitude, e essa porta não estava fechada: ela estava emperrada. Não bastava tentar abrir.

A vontade não vem da força física, não vem de simplesmente ir lá, empurrar e ficar batendo. Existe um macete, um jeitinho que dá para abrir, só que acontece de repente. Se você entender como abre, você abre e não tem mais problemas para abrir outras vezes.

Essa é a Porta do Progresso.

Leve a solução, não o problema

E o macete eu usei exatamente aí, no momento em que pensei: "Se eu ficar sozinha tentando, não vou conseguir. Tenho que conversar com alguém". Fui procurar uma psicóloga de processo seletivo, e ela me instruiu a buscar ajuda especializada.

É preciso romper com uma crença hereditária. A vida é sua, daqui para a frente a responsabilidade é sua.

Às vezes os recursos disponíveis são pessoas, pessoas que podem te ajudar a abrir a porta. Não digo pedir ajuda, não. É pedir, de repente, uma orientação: "Pera aí. Eu não sei abrir essa porta. Será que tem alguém que sabe? Vamos perguntar para essa pessoa". Usar os recursos disponíveis à sua volta é fundamental para o progresso.

Recentemente um aluno meu disse: "Vanessa, na aula você falou que a gente precisa ser ousado, então por isso eu vim aqui te pedir dinheiro". E eu tenho que deixar muito claro: não cheguei em lugar nenhum pedindo dinheiro. Eu fui pedir *instruções*.

Foram as perguntas que eu fiz naquele momento que me ajudaram a abrir a porta.

Depois que a Ana Cláudia, do curso de especialização, me ajudou a fazer o meu currículo, continuei indo nas empresas e participando de processos seletivos. E as empresas diziam: "Você não tem experiência".

Essa foi a coisa que eu mais escutei, até que um dia eu decidi dizer: "Como vou conseguir experiência se você não me der essa oportunidade? Se você me der uma chance eu vou te provar que posso aprender".

A Porta da Atitude, uma vez aberta, não fecha mais. Você tem atitude ou não tem. Tomando a atitude, você já tem uma conquista.

Neste momento quero que você entenda que alguém só consegue ir do ponto A para o ponto B quando tem noção do lugar aonde quer chegar. Não adianta fazer as mesmas coisas, porque elas vão levar aos mesmos resultados. Você precisa fazer diferente do que fez até hoje.

Para mim estava muito claro. Eu tinha ido para Brasília com dois objetivos: trabalhar e estudar. E não era *só* estudar e ou *só* trabalhar, isso estava muito claro para mim. Eu sabia que queria estudar para vencer na vida. Eu ia dar certo.

A questão é que não era estudar em uma faculdade. Enquanto todo mundo falava que era para entrar na graduação, eu sabia que eu tinha que fazer um curso. Eu sabia que isso iria me qualificar.

A minha primeira atitude foi entender o meu momento. Uma coisa é uma meta de curto prazo, outra coisa é uma de longo prazo. A faculdade vai te levar a um lugar, mas são quatro anos em que você vai acumular conhecimento para depois ter experiência. É um investimento de longo prazo, e eu não tinha esse tempo, nem o recurso.

As pessoas que hoje estão estagnadas, paradas, acham que precisam desse gabarito.

Foi o que aconteceu comigo: eu poderia ter ficado estagnada, achando que se eu fizesse um curso ele iria ser menos valorizado que uma faculdade.

Mas nesse período eu consegui entrar na Wizard. Fiz o processo seletivo, e tive convicção de que a vaga seria minha mesmo que eu não fosse a mais qualificada.

No dia em que eu acreditei que seria chamada, ouvi a seguinte frase: "Você ficou em segundo lugar, não foi a primeira, e a gente precisa de uma pessoa mais experiente. É que a outra recepcionista não está há muito tempo, ela também é nova, e a gente precisa de alguém mais experiente".

Minha resposta imediata foi: "Você não vai se arrepender de me dar uma oportunidade".

Para meu desespero, a resposta que ouvi foi: "Vanessa, agora eu não consigo te dar uma resposta, porque essa decisão foi tomada junto com a minha sócia. Espera um pouco que eu te ligo ainda hoje".

Mas havia um detalhe. Eu só tinha mais dois reais. Dois reais era o dinheiro da van. Se eu pegasse aquela van, não iria conseguir voltar, porque eu morava em Taguatinga e a escola ficava em Ceilândia. Não dava para voltar andando se ela me chamasse de volta.

O que aconteceu foi um ato de fé.

Eu tive tanta fé que fui para o centro de Ceilândia e fiquei com o meu celular ligadinho, esperando. Sabia que ia conseguir.

Essa convicção é vital para qualquer ser humano. Então, horas depois, ela me ligou e perguntou: "Vanessa, você ainda está por perto?". Na hora eu me engasguei e respondi que estava, sim. As lágrimas escorriam pelo meu rosto.

"Olha, é o seguinte: a moça que ficou em primeiro lugar ligou para a gente dizendo que encontrou uma oportunidade melhor, que paga melhor. Você pode passar aqui?" E eu respondi: "Com certeza, estou indo".

Quando cheguei lá, depois de várias orientações, ela me disse: "Vanessa, a outra pessoa tinha essas, essas e essas qualificações, mas a gente acredita muito em você, queremos investir em você". Eu respondi simplesmente, convicta: "Pode ficar tranquila, eu aprendo muito rápido. Tudo que você me ensinar eu vou aprender".

E no meio de tudo isso havia um fator muito importante: eu não tinha roupa. As roupas que eu tinha eram as da roça, do interior. E um terninho emprestado que eu usava para as entrevistas. Minha chefe me deu duas camisetas para poder ir trabalhar.

Um mês depois eu tive uma conversa com a Helen e falei a verdade para ela. O que eu tinha não iria durar por muito tempo. Imagina ir trabalhar todo santo dia com a mesma sandália barata. Pega sol, calor, chuva. E a mesma calça. Só que, em vez de levar o problema, levei a solução: "Que tal se a gente implantar o uso de uniforme na empresa?".

Para as recepcionistas, um terninho. Ela gostou da ideia e me autorizou a ir com o cartão da empresa até a cidade para comprar terninhos diferentes e bordar a logomarca em todos.

O lance é que eu passei a ter três roupas para trabalhar. Eu tinha um problema, fui conversar com minha superior sobre ele, mas o foco dessa conversa foi a solução, e não o problema em si.

O melhor? Ela achou incrível, porque ficou todo mundo uniformizado, arrumado. Eu tinha outras opções; poderia ter pegado dinheiro emprestado para comprar roupa ou ir mal-arrumada para o trabalho. Poderia ter tomado vários outros caminhos, mas naquele momento eu falei: "Cara, eu tenho que pensar em algo que possa me ajudar, e que ao mesmo tempo possa ajudar a empresa". Pensar em soluções é o diferencial de um vendedor, na verdade. É Isto o que o vendedor faz: oferecer soluções.

Tudo na vida é um processo de venda. Porque a venda envolve a persuasão – que é diferente da manipulação.

Persuadir é diferente de manipular

Quando você está persuadindo o outro, não tem a ver com você, tem a ver com o que vai gerar para o outro. Você está indo ali buscar o que já é seu por direito. Não é do outro, é seu, mas vai acabar beneficiar o outro também. Eu não podia falar só o que ela queria escutar; precisava falar o que ela queria escutar e também o que eu garantia.

Eu garantia que seria uma pessoa simpática, que iria conseguir atender os alunos. Eu tinha consciência do que não sabia fazer, e deixei isso claro para ela.

Nessa hora ganhei meu maior patrimônio na época: uma cartela de vale-transporte. Fiquei superfeliz porque poderia usar os dois reais que restavam para comer.

A verdade é que eu nem sonhava que sairia de recepcionista para assessora comercial, gerente comercial e, finalmente, franqueada. Mas, quando eu era recepcionista, minha única perspectiva naquela entrevista era conseguir o trabalho que aos quinze anos eu tinha sonhado enquanto fazia aquele primeiro cursinho.

O que aconteceu a essa altura? Eu estava trabalhando, consegui alugar uma quitinete, comprei uma cama com colchão, uma escrivaninha e uma cadeira. Foi o que eu adquiri; era o que eu tinha na minha casa.

Ali, foi uma decisão que eu tive que tomar. Eu poderia ter comprado uma geladeira e um fogão em vez, quem sabe, da escrivaninha. Comprei a cama e a escrivaninha por quê? Porque para mim estava claro que eu precisava estudar.

Geralmente as pessoas se perguntam "do que eu mais preciso?", mas a pergunta na verdade é "do que eu mais preciso *agora*?"

Sempre pergunte a si mesmo do que você precisa, não o que falam que você precisa. Muitas vezes você compra coisas porque as pessoas falam que você precisa, mas será que precisa mesmo?

Como eu não tinha fogão, existiam outras formas de economizar na comida. Foi quando descobri que poderia almoçar num lugar chamado "Restaurante Popular". Era um restaurante de um real.

Era lá que eu comia todo dia, e pagava um real pelo almoço.

Estou dizendo isso porque as pessoas precisam aprender a otimizar as coisas quando elas têm um foco e um sonho. Quando tem um foco, você faz o mínimo sacrifício para ter uma conquista. O sacrifício às vezes não é trabalhar muito; às vezes é se privar momentaneamente de algumas coisas em prol de algo maior.

A construção de qualquer coisa requer que você tenha um planejamento, uma habilidade, e, com certeza, você tem que abrir mão de alguma coisa.

Mas eu sabia que era temporário.

Quando o telefone na escola de inglês tocou pela primeira vez e eu tive que atender, deu dor de barriga, medo, fiquei desesperada, mas dali a pouco comecei a me divertir; comecei a usar isso como uma diversão. As pessoas sempre perguntavam: "Oi, quanto que é o curso de inglês?", e até então não existia a venda ativa na empresa.

Não existia venda, existia atendimento, e um atendimento mínimo. Mas minha chefe estava entendendo que precisava mudar. Então ela começou a me treinar. E eu comecei a me destacar, a vender e vender e vender.

Os pais dos alunos chegavam na recepção, ficavam aguardando seus filhos, e eu comecei a pensar: "E se a gente criasse uma turma para os pais, enquanto eles estão esperando os filhos?".

Minha chefe começou a ver que eu estava vendendo mais do que eles esperavam, e foi aí que o progresso começou a ser uma constante. Foi aí que encontrei a Porta das Vendas.

Pensar em soluções é o diferencial de um vendedor. É isto que o vendedor faz: oferecer soluções.

A PORTA DAS VENDAS

As vendas chegaram na minha vida por necessidade, mas permaneceram nela por paixão.

Quando comecei a vender, o pagamento não era só dinheiro. Eu vendia por escambo. Eu fazia pão, colocava em cima da cabeça, saía com o sol escaldante e ia vender. Depois meus tios compraram uma bicicleta para eu ir pedalando. Eu vendia a semana toda e no final de semana já tinha as encomendas pela cidade.

Eu era a menina da rosca e do enroladinho. "Lá vem a menina da rosca", diziam quando me viam.

Na adolescência, eu vendia acessórios que minha tia mandava de São Paulo, e aos dezesseis anos vendia aulas de reforço. Era uma venda de serviço.

Eu cobrava cinco reais mensais por criança e passei o ano todo fazendo isso para gerar dinheiro. Quando completei dezessete, eu vendia a ideia de elas aprenderem. E literalmente me tornei professora.

A dona da escola pagou o curso para eu aprender a ser professora porque via a minha paixão. Eu conseguia influenciar meus alunos.

Mais tarde, como protagonista da escola de inglês, eu percebi que podia ser uma vendedora ativa e criar oportunidades para vender.

A melhor oportunidade pode estar um pouco mais à frente

Assim, além de vender, passei a recrutar vendedores, treinar, gerenciar e reter. Era um caminho que me fazia criar equipes de vendas.

Na minha equipe de vendas, eu era a atacante. Fazia a equipe me mandar a bola e eu sabia chutar para o gol. Com o tempo aprendi que não podia fazer isso com todos os clientes, senão tirava a autonomia dos meus vendedores.

O problema é que a imaturidade me fazia ser centralizadora na gestão comercial.

Geralmente as pessoas se perguntam "do que mais eu preciso?", mas a pergunta na verdade é "do que mais eu preciso *agora*?"

Nessa época li *Os cinco níveis da liderança*, de John C. Maxwell, e comecei a me desenvolver. Me inscrevi em cursos, palestras e reverti o dinheiro em conhecimento para poder me aperfeiçoar.

Quando a escola de inglês começou a implementar um processo de vendas, entendi que poderia ter muito sucesso nas vendas e fazia tudo para entender mais sobre esse universo.

E com 22 anos eu entendi que existiam mais coisas na vida do que ser recepcionista e gerente comercial. Fui sendo promovida até que os franqueados passaram a me buscar para que eu visitasse suas unidades e compartilhasse minhas práticas de vendas.

Minhas antenas estavam abertas, e eu sabia que, se as pessoas estavam me procurando, elas queriam meu conhecimento.

Então, fiz um acordo com minha chefe, recebi um acerto e negociei a compra de uma franquia da escola de inglês. Consegui cinquenta por cento de desconto no negócio, porque eles já estavam de olho em mim.

Na época o foco era vender franquias para professores, mas nem todo professor tinha sacada empreendedora.

Como meus números eram bons, eu conseguia negociar e comprar. Mas uma coisa era negociar, outra era montar a estrutura. Eu tinha dinheiro para comprar, mas precisava de mais para fazer tudo aquilo acontecer.

Então, fui buscar recursos. Uma amiga que trabalhava num banco e outra que tinha uma pegada pedagógica. E o namorado de cada uma delas, um dos quais era empreendedor.

O resultado foi que entrei numa sociedade com mais quatro pessoas. Amigas e os namorados delas. Era vinte por cento para cada um.

Pegamos o pouco de dinheiro que tínhamos, arranjamos o espaço e começamos a receber a matrícula à vista e cheques para antecipar pagamentos.

Inauguramos com mais de cem alunos. Foi um sucesso. Começar com a escola lotada foi a realização de um sonho.

Ao mesmo tempo, eu dava treinamentos comerciais para outros franqueados. O problema é que eu era a única dos cinco sócios que tinha uma única fonte de renda. E, assim, recebi uma proposta para sair de lá, ir para o centro de Brasília e trabalhar numa escola pronta, que eu precisaria apenas gerenciar. Era tudo que eu queria.

Aceitei essa proposta, abrindo mão de ser franqueada para voltar a ser gerente comercial, e isso se tornou uma forma de gerar dinheiro.

Anos depois, nos tornamos sócias de uma franquia. E eu paguei em seis meses a minha parte.

Estou contando tudo isso para você saber que, no momento em que tomei a decisão de sair do estado de franqueada e abrir uma escola do zero, já tinha uma visão, e era uma forma de gerar um novo impacto financeiro. E era uma maneira de pensar a longo prazo no extrato.

Muitos vendedores são mais teimosos que persistentes. Persistência não é fazer algo que não está dando certo; isso é teimosia.

É preciso entender que não dá para bater cabeça e ficar preocupado com o *status* que você conquistou, com medo de dar um passo para trás. No mundo dos negócios, ou você coloca o orgulho no bolso ou fica parado no lugar.

Aquele momento foi muito difícil, porque era uma decisão que precisava ser imediata.

Hoje eu treino treinadores de vendas, e quando falo de vendas não penso na pessoa sozinha que vai executar e ter sucesso. Ela tem que ter visão de equipe, de gestor, e entender que uma equipe pode te levar a um resultado estrondoso.

Quando você tem uma mentalidade coletiva, seu rendimento é exponencial. Eu alcançava muitos franqueados, mas tinha uma coisa que queria muito fazer: participar de treinamentos mais avançados.

A estratégia da emoção

Quando voltei a ser franqueada, consegui faturar e ganhar dinheiro. E montei uma equipe comercial que era a minha cara.

Se você tem autonomia para fazer a gestão do comercial, do método que domina, consegue implementar estratégias melhores. Lá eu consegui implementar estratégias promocionais sem ser com desconto. Gerava estratégias comerciais com experiências.

Na época eu precisava pensar com cabeça de marketing. Aos sábados, por exemplo, fazíamos uma campanha chamada "estoure o balão". De forma ativa, fazíamos ações na cidade e lotávamos a escola para dar uma aula demonstrativa. Era um gatilho de reciprocidade que adotamos sem saber. Dávamos uma aula demonstrativa gratuita para encantar os potenciais alunos e no final as pessoas passavam por um lugar onde estouravam um balão para ganhar algo a mais. Ou uma semana de aula gratuita, ou a possibilidade de levar um amigo, ou um pacote especial. E a pessoa tinha a oportunidade de receber uma consultoria gratuita. Estourar o balão proporcionava a experiência de ganhar algo de valor.

A emoção fazia a pessoa se conectar com a marca.

Depois disso fazíamos um atendimento individualizado e, naqueles finais de semana, fechávamos mais de trinta matrículas num dia. Era o dia D.

Hoje, com o marketing digital, existem os lançamentos feitos na internet, só que nós decidimos pela emoção. Dor ou prazer.

O objetivo de boa parte do público era ter uma promoção, ganhar mais dinheiro para falar inglês, mas nós os levávamos a entender que não falar inglês provocava o desperdício de oportunidades.

Nós vendíamos o "você está deixando de ganhar". Se a pessoa fosse fazer uma viagem sem falar inglês fluentemente, ia se sentir menor do que os habitantes daquele país. Não ia se sentir pertencente àquela cultura.

Era assim que as pessoas sentiam que elas perdiam muito ao não se matricular na escola.

Depois disso, mostrávamos como seria se elas estivessem falando inglês fluentemente. Isso gerava emoções e desejos, e ali nós fechávamos a venda. O gatilho da emoção era ativado.

O processo de vendas estruturados tem dez etapas. A primeira é a abordagem – e já trazíamos a abordagem de energia e de alegria. Era quase um evento estar ali. Depois disso vinha a sondagem. Era o levantamento de interesses e necessidades do cliente. Era a hora de se importar muito com ele e entender sua dor.

Nesse momento há um aprofundamento na emoção.

Na sondagem, o tom de voz e o olhar mudam para que o cliente se sinta compreendido. Não era raro vermos os clientes chorando. O clima mudava. Era mais profundo, mais sério. Um olhar mais intenso.

Era a hora em que o cliente se abria.

Nessa abordagem, tratávamos o outro como ele queria ser tratado. Depois disso íamos para a conscientização da dor, que era o despertar da dor. Ali fazíamos o diagnóstico. E para trazer essa consciência era preciso criar perguntas e respostas certas.

O estágio seguinte era o do agito da dor, e isso não pode ser feito para a manipulação e sim para a persuasão. A manipulação vai te ajudar a fechar a qualquer custo. Já a persuasão tem a ver com acreditar no que você vende e ter convicção de que se pode mudar a vida das pessoas.

Entendemos o problema do outro para entender aquilo de que ele precisa de fato.

No agito da dor, você precisa acreditar na transformação que gera. E mostrar que se importa com o cliente e não com suas contas a pagar. Quando você acredita no que vende, o dinheiro flui e você consegue ter os clientes essenciais. O dinheiro não pode ser a preocupação número 1 quando se trabalha com vendas. O que importa é o cliente.

Muitos profissionais querem vender na euforia e no momento, e quando isso acontece a ansiedade entra em cena.

Mas você precisa mostrar a solução. E precisa mostrar que, além de a solução perfeita existir, você é a única opção perfeita. E isso só acontece se você tiver as etapas anteriores muito bem cumpridas.

"Que bom que existe solução", é o que o cliente deve dizer nesse momento.

Quando a solução é apresentada, chega a oferta irresistível. E você mostra todos os benefícios e ganhos do cliente por levar aquele produto.

É uma lista de coisas que trarão a sensação de que ele está levando vantagem, porque esse cliente precisa enxergar os ganhos que virão desse investimento. São ganhos que podem impedir quaisquer objeções no momento em que ele pensar no preço. Por isso é preciso conhecer as dores e necessidades dele.

Nesse momento você mostra como o investimento é feito. E como ele pode pagar.

O tom de voz na hora de fechar a venda deve ser neutro, para que você não mostre insegurança. E aí entra a técnica do silêncio produtivo gerador, a "cara de paisagem total", a técnica do "cale a boca".

Isso faz a pessoa pensar, e você não pode falar mais nada. Espere o cliente falar. Se ele fizer uma pergunta ou parar para refletir, aguarde sua vez de falar para começar a trazer esses dados.

A etapa seguinte é a negociação.

Muitas vezes baixamos o valor para ganhar o cliente, mas isso é um tiro no pé, já que aquele cliente vai te dar o dobro de trabalho pagando a metade do investimento.

Se atropelamos o processo antes de o cliente dar a resposta, a insegurança vem de quem está vendendo e não de quem está comprando.

Conhecendo o seu cliente

O que faz o cliente comprar é conhecer você, depois gostar de você e confiar em você. Um vendedor sem autoconfiança não vende.

A negociação é uma etapa do processo de venda, e não podemos antecipar essa etapa por falta de conhecimento de um processo de vendas.

Certa vez fui atender um cliente de tíquete alto (*high ticket*). Me preparei, fiz todo o meu material, estava pronta, mas, quando entrei na sala dele, eu travei.

Por que eu travei? Porque não sabia atender clientes daquele porte. Depois que isso aconteceu, entrei no carro e comecei a chorar desesperadamente. Ali eu percebi que era uma falta de preparação mental. Eu não sabia vender para clientes daquele perfil. A sensação que eu tinha era a de que era inferior a ele.

Na verdade esse grau de consciência é bom, porque muitos vendedores não conseguem atender clientes de tíquete alto.

Na venda, uma das coisas que mais funcionam é ter certeza da entrega. O que vende não é bajular e encobrir informações; é garantir a entrega.

É muito ruim negociar pisando em ovos. Isso traz insegurança para quem está comprando, e nada pior do que comprar de alguém transmite insegurança na venda. Se o cliente não sabe o que você tem a oferecer, não paga o que você cobra.

Tem outra coisa que é importante ser dita: clientes VIPs querem ser atendidos por pessoas VIPs. Um bom vendedor traz clareza, confiança, segurança. E entenda que o tempo de venda de um produto de tíquete alto é diferente do de um produto de tíquete baixo.

A entrega num processo de vendas é crucial. Se você se empolga demais na venda sem observar sua estrutura de entrega, pode se estraçalhar. Ou pode ter uma venda muito boa e em certo momento pisar no freio ao invés de acelerar.

Já treinei muitos corretores de imóveis ao longo da vida, e uma vez vi um sujeito que ganhou uma grande comissão, pegou a família toda, viajou para Fortaleza e depois não tinha como pagar as contas.

Tenho um aluno vendedor que participou de um treinamento de vendas comigo depois de ter uma carreira como corretor de imóveis. Ele era cauteloso e estável. Não era um cara enérgico, dominante e influente. A segurança pautava a sua vida.

Na dinâmica que fizemos, ele se conscientizou de como era seu comportamento. Ao fazermos uma dinâmica individual, eu o chamei para fazermos um plano de ação.

Ele estava numa média de fechar imóveis de tíquete alto e queria se destacar nisso, mas nunca tinha se desenvolvido nas técnicas e estratégias de venda. Então, fizemos um plano de ação para ver o que ele realizaria em um mês, em um ano e em dezoito meses.

Traçamos um plano de ação no palco e eu fiz a calibragem emocional disso. Era um alinhamento de estratégias e expectativas.

O aluno queria aumentar dez vezes o faturamento e conquistar seu primeiro milhão em sua conta. No palco nós fizemos aquele plano de ação.

Isso aconteceu em novembro de 2019, e quando veio a pandemia do coronavírus ele quis desacelerar. Estava abatido e preocupado por causa da situação no país e no mundo. Mas nós conversamos para ele não diminuir o ritmo. Então ele não parou, pisou no acelerador e se tornou milionário durante a pandemia, inovando dentro do fluxo. Fizemos mentorias individuais e ele conseguiu chegar aonde queria.

O que eu quero mostrar aqui é que era improvável aquilo acontecer, mas, ao confiar em si mesmo, ele conseguiu atingir sua meta e realizar o seu sonho. A motivação para realizar esse sonho era fazer dar certo para sua família, casar com sua noiva e construir sua própria família.

O vendedor nem sempre é o cara falante. Pode ser o que sabe escutar, entender, e esse corretor se sentia inferiorizado em relação a isso quando via os vendedores com a pegada "dominante".

Ele se tornou um fechador de negócios de alto tíquete, um verdadeiro *closer*. E acabou abrindo a própria imobiliária. Era um cara tímido que hoje é uma grande inspiração para o mercado de imóveis. Nesse mercado, muitas pessoas anunciam imóveis baratos e nem assim conseguem vender.

Muitos vendedores desistem ao longo do processo e não contornam as objeções do cliente. E ele desenvolveu essa habilidade. A venda não termina quando fechamos o contrato; ela continua no ciclo de indicações e faz a pessoa manter um relacionamento, ser indicada e fazer o vendedor ter muitos clientes.

Esse aluno seguiu à risca o método que desenvolvi ao longo de anos de experiência, estudo, e que fui validando ao longo dos anos. Eu havia identificado o que não existia no meu fluxo de vendas.

Para assistir a uma aula completa sobre como montar equipes comerciais de alta performance, aponte a câmera do seu celular para este QR code.

Você também pode usar esse link para entrar em contato com minha equipe e concorrer a uma sessão de mentoria estratégica comigo ou com alguém do meu time de estrategistas comerciais.

No mundo dos negócios, ou você coloca o orgulho no bolso ou fica parado no lugar.

A PORTA
DO PLANEJAMENTO

Você planeja a sua vida? Acha importante definir o que vai acontecer no próximo mês ou ano?

Planejar nem sempre é fácil. Quando nos apegamos ao controle, não vivemos: queremos controlar as variáveis para que o projeto saia perfeito e tudo aconteça do jeito que planejamos. A frustração vem, porque é óbvio que nem tudo sai do jeito que planejamos. E ficamos naquele looping entre "deixa a vida me levar" e "vou controlar tudo."

Já vi pessoas que não gastavam um centavo fora do planejamento, mas, quando o carro quebrou, mal sabiam dar conta dos imprevistos. E também já conheci aqueles que não controlavam as finanças e estavam completamente endividados, sem saber como viver no mês seguinte.

Precisamos do planejamento para poder realizar sonhos, não para controlar a vida.

Muitas mulheres me perguntam: "Vanessa, você acha que devo planejar a maternidade?". E a minha resposta é: na vida, precisamos ter responsabilidade com nossas decisões pequenas e principalmente com as grandes, já que algo "não planejado" tem consequências e pode mudar toda a sua vida, sobretudo a vida do outro.

Falo com conhecimento de causa: eu nasci de uma gravidez não planejada.

Algumas crianças nascem em famílias desestruturadas porque seus pais não tiveram opção – e pagam o preço pelo resto de suas vidas, já que, em vez de carinho, amor e segurança, acabam sendo vítimas de maus-tratos ou até mesmo de abandono físico e psicológico, já que os pais foram pegos de surpresa com a gestação e passam a agir no modo "sobrevivência" – tanto emocional quanto financeiramente.

Planejar não é controlar; é saber que você pode ter um plano e delimitar aquela meta para que aconteça dentro de uma margem em que você saiba administrar.

A primeira área que comecei a administrar na minha vida, aos dezoito anos, foi a área financeira. Eu tinha conseguido um emprego, ganhava um salário fixo e tinha contas para pagar. Minha primeira ideia foi pegar uma agenda e colocar por escrito meu salário e tudo que eu tinha de custo fixo e variável. Quando coloquei no papel, a conta praticamente não fechava. Eu ia ficar todos os meses no essencial.

Então, decidi mostrar para minha chefe que era boa no que fazia e comecei a fazer vendas ativas para ganhar mais.

Não cheguei para ela dizendo que precisava de um aumento; eu decidi mostrar meu valor. Comecei a mostrar meus resultados fazendo mais vendas do que eles esperavam de mim, e foi quando passei a ganhar comissão.

Eu precisava fechar a conta e tinha uma visão clara do número mínimo de vendas que devia fazer para chegar nesse resultado. Em determinado momento, quando entendi que era possível empatar, comecei a planejar um dinheiro novo para entrar: era o dinheiro para eu comprar as coisas de casa.

O planejamento seguinte foi o da aquisição de bens. Nessa época eu já tinha conseguido comprar a cama e a escrivaninha, e depois teria que comprar as outras coisas, como o guarda-roupa, a geladeira e o fogão. De quanto dinheiro eu precisava para fazer essas compras?

O segundo planejamento foi a forma de atrair vendas. Eu precisava vender mais para comprar o que queria.

Aí eu comecei a raciocinar. Se eu tivesse que fazer 21 vendas por mês, quantas pessoas precisaria atender? Eu sabia que, a cada quatro pessoas que atendia, uma fechava. Então eu teria que abordar cerca de 84 pessoas por mês.

Só que, para atender essa quantidade de pessoas, eu precisaria prospectar muito mais contatos. Para acessar tudo isso de gente, eu deveria prospectar o dobro de pessoas. Teria que ter o dobro de contatos. E para isso era necessário me planejar.

De que maneira? Solicitando indicações a cada planejamento que eu fazia e firmando parcerias.

Depois comecei a planejar campanhas estratégicas. E implantei o Dia D, como já contei.

Eu planejava pequenas e grandes ações. Assim que comecei a ter resultado com o planejamento de vendas e com o planejamento do dia a dia, comecei a ver que eu podia sonhar. Tudo isso se resumia ainda ao planejamento pessoal. A pergunta base era: do que eu precisava para me manter no conforto?

Eu tinha um planejamento pessoal para o que queria conquistar. Essa era uma linha lógica que eu seguia.

Depois disso, havia treinamentos que eu queria fazer. Eu não chamaria isso de planejamento intelectual, mas sabia que era preciso ter dinheiro para evoluir nesse sentido. Comprar livros e estar com pessoas que sabiam mais do que eu.

Eu tinha metas de comprar um, dois, três livros por mês – e comecei a fazer um planejamento.

Quantas variáveis precisamos incluir no planejamento?

Talvez você ainda nem tenha o discernimento do que precisa ser planejado na sua vida. Temos um descontrole e um caos que não conseguimos planejar, e tentar controlar essas variáveis é difícil e nos deixa tensos.

Se soubermos o que está no nosso controle, podemos planejar; já é o primeiro passo.

No entanto, as pessoas se confundem com a palavra planejamento. Eu tinha consciência do que queria conquistar. Como se adquire essa consciência?

Um indivíduo só consegue planejar tendo essa consciência. No entanto, quando planejei para mim, era de maneira empírica. Eu não sabia como fazer e fui me conscientizando. O medo de me endividar me obrigava a planejar.

Eu planejava antes de dar passos para a frente porque ficava com medo de não enxergar o que estava lá. Eu arriscava, mas conscientemente, sem dar um passo maior que a perna.

Se hoje estou fazendo um evento milimetricamente calculado – com um investimento de seiscentos mil reais –, é porque planejei um passo a passo calculado. Eu sei o quanto preciso vender de ingresso, quanto patrocínio preciso ter, e levo em consideração três cenários: o otimista (aquele cenário que é o melhor de todos os mundos), o cenário do meio (aquele que diz "se chegar aqui eu vou empatar") e o cenário pessimista. No cenário pessimista, você está vivendo ali o tempo todo. E ele pode, de fato, acontecer. Se acontecer, você precisa estar preparado para ele. Nesse cenário você tem que tomar decisões difíceis de maneira muito rápida e assertiva.

Mas, como já disse, na época eu simplesmente pensava na base da sobrevivência. Eu planejava o básico.

Talvez hoje você nem planeje o básico, mas precisa perguntar a si mesmo: "O que eu preciso ter neste momento que é essencial para que eu possa crescer?".

O que a maioria das pessoas têm como planejamento? Elas acreditam que a única área que precisam planejar é a financeira, e mesmo assim não planejam. E não é só saber quanto ganha e quanto gasta. Se falamos de planejamento, a maior parte das pessoas acredita que é apenas financeiro.

Depois que comecei a fazer planejamento, percebi que as pessoas não sabiam o que era isso. E o que acontecia com elas? Elas trabalhavam preocupadas, sem saber se teriam dinheiro para pagar a luz ou o aluguel.

Todo empresário e todo gestor devem ter essa consciência: sentar com seus vendedores e aprender a planejar ao lado deles. Sentar na frente de uma planilha de tudo que precisa pagar e do quanto está ganhando. Às vezes acontece de esse indivíduo não ter consciência de nada.

Então nós trabalhávamos a meta de vendas pensando: "De quanto você precisa para manter o mínimo para a sua família?". E essa pessoa buscava essa consciência.

Aí, colocávamos uma meta de três meses para ele ganhar segurança e entender que dava conta de fazer. Depois, dávamos um salto, que era o planejamento do futuro.

Precisamos do planejamento para poder realizar sonhos, não para controlar a vida.

Em que consiste o planejamento do futuro? O planejamento para comprar uma casa, um carro, casar, tirar a carteira de motorista. Fazer conquistas.

Começamos a planejar o dobro da meta. É por isso que minha equipe sempre foi campeã. Porque a meta do vendedor era maior que a meta da empresa. Os vendedores viam a perspectiva de crescimento e entendiam que podiam fazer mais pela sua família.

Nessa época eu criei a parede do futuro, uma ferramenta que se tornou básica para todos os meus vendedores.

Premissas da parede do futuro

VISÃO

A visão é a conexão que você tem com seu futuro. Que visão você tem do que vai acontecer? Consegue visualizar a si mesmo até daqui três ou trinta anos?

Como meu marido – meu principal case, em quem apliquei o método quando o conheci – diz, isso nos aproxima do nosso propósito.

A visão é seu planejamento estratégico. O mapa estratégico da sua missão de vida. Ela mostra onde e com quem você deseja estar.

Quais conquistas espera ter no futuro?

Definir a visão permite que você tenha um mapa do seu futuro que seja claro dentro da sua mente. Com ele você vai organizar os seus pensamentos em relação ao que deseja concretizar.

MISSÃO

A sua missão de vida está diretamente conectada com o seu porquê. Por que você existe? O que te motiva a agir?

A clareza de sua missão mantém você motivado para quando as turbulências acontecerem.

ATIVAÇÃO DOS SEUS RECURSOS INTERNOS

No que tenho sido bom desde criança?
O que as pessoas falam que sou bom em fazer?
O que faz de mim alguém único e inesquecível?

VALORES

Nossos valores estão conectados ao nosso caráter. Por isso você precisa estar ciente de quais valores não abre mão.

Os resultados que alcançamos são pautados pelas nossas ações, e as decisões são tomadas de acordo com os nossos valores.

Planeje e prepare-se para o melhor

Hoje tenho clareza de como vai ser o meu ano.

Não negocio propostas com propósito; elas sempre surgem no meio do caminho, e tenho sempre uma direção para chegar aonde quero chegar.

Ter um propósito me deu clareza para que eu pudesse enriquecer financeiramente e crescer profissionalmente.

Para baixar as ferramentas da parede do futuro completa, aponte a câmera do seu celular para este QR code.

A PORTA DOS PROCESSOS

Quando eu morava com a minha avó no interior do Piauí, eu sabia que, para comer, era preciso plantar. Mas antes disso era preciso arar a terra. Depois, jogar as sementes, esperar o tempo certo de regar e esperar que crescessem até o dia da colheita. No dia da colheita, tudo era separado e até que o alimento chegasse no prato, com aquele cheiro característico de comida caseira, era preciso cozinhar, temperar, esperar.

Enfim, saborear. E se fartar, se nutrir. Se alimentar.

A verdade é que aprender sobre etapas dessa maneira tão simples abriu portas para que eu soubesse que tudo na vida precisa de um processo. Não se colhe num dia o que se plantou na tarde anterior. E, se você está querendo entender um pouco sobre vendas, saiba que existe um caminho para que tudo aconteça da melhor forma possível.

Para a engrenagem girar existe um jeito certo.

E é o que vou te contar agora.

Engrenagem é uma imagem muito forte para mim desde o início. Não só no processo da venda em si; no processo do negócio girando como um todo.

Quando me limito a um processo de uma área específica, tenho uma peça da engrenagem, mas, quando pego o processo de uma área de vendas – da gestão da vida como um todo, de um negócio como um todo –, é como se a engrenagem girasse. E, então, temos pessoas que se dão bem com processos e outras que não se dão tão bem assim.

Se formos fazer uma análise do perfil comportamental DISC,[1] vou pegar o perfil comportamental das pessoas e teremos dois perfis extremamente processuais, o cauteloso e o estável – como se a engrenagem deles só funcionasse se tiver processos – e eu tenho dois perfis que odeiam

---

1 O Método DISC é uma ferramenta de avaliação comportamental que tem por base quatro perfis de comportamento predominantes em indivíduos: dominância, influência, estabilidade e conformidade. [N. E.]

processos, que não é o natural deles, que é o dominante e o interativo. Eles não gostam naturalmente dos processos.

A engrenagem pode ser um ponto de equilíbrio para todos os tipos de pessoas. Por que estou dizendo isso?

Ninguém quer ser um robô, uma pessoa mecânica, chata, vivendo processos o tempo todo sem deixar o lado humano aflorar, certo?

Mas, no outro extremo, quando não se vive esse fluxo organizacional dos processos em todas as áreas, numa linha lógica da venda, você faz as coisas sempre no improviso.

E você já viu quem vive de improviso? Pode parecer muito bom, mas geralmente são pessoas altamente estressadas. Sem critérios. Existe uma aleatoriedade constante que deixa a pessoa pirada.

Nesses momentos o que mais acontece é o dinheiro ir embora, junto com o tempo e a saúde. É um desperdício de recursos que pode ser evitado quando temos uma forma de organização inteligente.

Se eu fosse resumir em vendas, seria um fluxo de um sistema como um CRM.

Arrisco dizer que noventa por cento das empresas hoje sobrevivem sem um sistema de processos. Trabalhei em duas grandes companhias ao longo de dez anos, e as duas tinham fluxos de processos. E eu aprendi que vale a pena passar por essa porta, porque ela te capacita a chegar com mais firmeza aonde você deve estar.

Quando entrei na escola de inglês Wizard, já existiam processos muito bem desenhados na área pedagógica e na administrativa, mas não havia processos estabelecidos na área comercial. Com o tempo fomos definindo esses fluxos e desenvolvemos um modelo a ser seguido.

Quando iniciei minha carreira na Mongeral, eles tinham processos e sistemas para todas as áreas, menos para as comerciais. Agora imagine 4 mil pessoas trabalhando na área de vendas sem qualquer processo. Era uma pessoa em São Paulo atendendo de um jeito, outra em Brasília trabalhando de outro completamente diferente, e existia um sistema ao qual cada cliente que comprava podia ter acesso. Tudo muito maluco e desordenado.

Eu tive a honra de participar da criação de um processo e senti como valia a pena investir nisso. Mergulhei ativamente e fui um dos colaboradores preparados e treinados desde o começo para transmitir a maneira como estava desenhando os meus processos.

Estudaram como eu pensava meu fluxo de vendas e modelaram isso. Nós mapeamos o que cada um fazia – criamos um sistema –, e o que me deixou mais feliz foi o fato de que, depois dos testes, passamos a ser os multiplicadores desse conhecimento.

O mais interessante é que eles organizaram esse processo comercial em um material que foi impresso – uma folha comprida de quatro dobras –, e nós íamos para os atendimentos com aquele material em mãos. A capa do material já gerava um impacto, principalmente para os clientes mais visuais e cinestésicos. Quando abríamos a apresentação, a primeira capa trazia a linha do tempo, que mostra a apresentação e a abordagem do cliente. Em seguida vinha um fluxo de perguntas para iniciar o processo da venda até chegar à finalização.

Isso por si só ajudou os corretores e vendedores a conhecerem e entenderem o produto para raciocinarem na frente do cliente e concluirem aquela venda.

Ao mesmo tempo, criei um sistema para eles estudarem e um time dentro de um fluxo de processos para que o produto fosse estudado. Em seguida fizemos um treinamento de três dias no qual cada um conseguia entender a lógica de cada cliente. Caso contrário, o vendedor chegava diante do cliente sem saber o que dizer para ele.

Quando não existem processos, quebramos o gelo falando do clima, de assuntos genéricos, e esse quebra-gelo negativo torna a venda mais difícil. Afinal, o vendedor se vê mais preocupado em como falar do produto do que em como se conectar com aquela pessoa.

Os processos fazem parte de tudo

Um processo de vendas redondo e amarrado permite que o vendedor saiba que está sendo acompanhado do início ao fim e que não precisa se preocupar com a abordagem ou com a maneira de fazer as perguntas. Dentro de um script, aquilo está descrito de forma natural e espontânea. E conseguimos aumentar drasticamente o volume de vendas com esse processo.

Levei três meses para implementar esse fluxo dentro da minha equipe.

Em seguida, conheci o Christian Barbosa, com seu método da Tríade do Tempo, e fui fazer o curso dele. Assisti a uma palestra do Christian e entendi que precisava aprender a fazer a gestão do meu tempo.

Comprei um curso na mesma hora e passei um dia com ele. Nesse dia, aprendi a otimizar e aproveitar melhor as horas da minha jornada de trabalho. E, como ele liberou acesso ao seu sistema, implementei aquilo no meu fluxo de gestão.

Era um processo de gestão de tempo dentro do fluxo da venda e do negócio.

Fui melhorando, unindo o método pomodoro (que consiste em dividir as suas horas de trabalho em blocos de 25 minutos, com pausas obrigatórias para descanso) à técnica de gestão do tempo, e nessa fase, implantando esse sistema, introduzi também a gestão do tempo. E tive uma sacada que virou o jogo: em vez de fazer tudo todos os dias – prospectar, ligar, marcar, atender e fazer parcerias –, mesclando as tarefas como uma salada de frutas, decidi que teríamos dias e horários específicos para cada ação.

A sexta-feira, por exemplo, era o dia em que fazíamos plantão na empresa para planejar a semana seguinte. Chamávamos esse dia de mutirão, e nele tínhamos duas ações: de manhã, fazíamos a gestão de quem já era cliente e cuidava do pós-venda; à tarde, fazíamos ligações para encher a agenda da semana seguinte.

Nos outros dias, nosso foco era o atendimento propriamente dito.

E aí eu tive outra sacada: em vez de os meus corretores ficarem preocupados em prospectar clientes para atenderem, eu assumi a responsabilidade pela prospecção. E tinha dias específicos para gerar leads, prospects, buscar parcerias.

E onde estava o gargalo desse processo de gestão comercial na base da empresa?

O corretor e o vendedor tinham uma responsabilidade de peso na prospecção em vez de passar quatro dias vendendo. As outras equipes passavam um ou dois dias prospectando e outros dois dias vendendo. E não havia dias fixos para as marcações.

Conseguimos implementar esse fluxograma, da prospecção ao pós-venda, e ele se mostrou um sistema organizado e leve para todo mundo. E sabe o que era mais incrível? Eu achava que isso tudo era normal. Para mim era óbvio e todo mundo fazia aquilo.

Nessa época, para otimizar os processos, criamos um sistema de família e comunidade participando de um programa na empresa que chamava Sexta Super. Uma parte era treinamento e reunião, e outra era happy hour.

Éramos a única equipe da empresa formada cem por cento por pessoas felizes.

Já tínhamos batido nossa meta e não estávamos preocupados com a meta da semana.

Minha vida ficava dividida: em cada dia da semana. Eu tinha blocos de resolução das coisas do trabalho e procurava fazer isso de um jeito mais natural. Enquanto as pessoas não sabem nem o que vão fazer no dia seguinte, eu tinha tudo muito bem organizado.

Meu mentor, Fernando Guillen, me disse certa vez: quando você encontra seu propósito de vida, quando descobre exatamente para que você nasceu, passa a fazer uma gestão específica. E aí o lance é o seguinte: antes de dormir, todos nós devemos saber quais são as seis coisas que precisamos fazer no dia seguinte e que vão nos levar ao cumprimento de seu objetivo.

Isso entra no fluxo dos processos, pois, se eu sei quais são as seis coisas, quem administra o meu tempo sou eu.

Essas seis coisas englobam tudo da sua vida: desde a atividade física até o tempo com a família.

É importante entender isso, porque vai trazer a organização para o seu cotidiano. Não é a questão do trabalho em si; é a gestão da sua vida como um todo.

Todos os dias eu faço pelo menos seis coisas importantes, que não posso deixar de fazer de jeito nenhum, e no mínimo eu vou estar mais perto de alcançar aquele objetivo que eu tenho.

O processo torna mais fácil o caminho até o seu sonho. E a porta do sonho, só você consegue abrir.

A PORTA DOS TREINAMENTOS

Quantas vezes você sentiu que seu corpo não ia aguentar? Uma dor, uma sensação de que ia ter um colapso? Medo do mês seguinte? De não ter dinheiro, de não bater a meta? Uma sensação de que você nunca pode relaxar?

A vida de muitos vendedores é assim: uma corda bamba constante, que os deixa instáveis e silenciosamente doentes. São pessoas que administram seu estresse e nem sabem mais viver sem hipervigilância. Esses profissionais acordam e dormem como se estivessem prontos para uma catástrofe. Não conseguem vender bem porque estão desesperados. E acabam com a própria vida num ciclo de doenças psíquicas que os mantém instáveis emocionalmente.

E a saúde fica no prejuízo. A pressão externa reflete no corpo, e a vida acaba se tornando um emaranhado de desculpas: desculpas para o parceiro, para os filhos. Desculpas para tentar se redimir da culpa.

Bater a meta se torna um desafio cada vez mais difícil, e aquele ser humano não quer mais viver daquela maneira.

Mas existe solução!

Em todas as empresas em que entro percebo uma coisa: pessoas querendo colher frutos sem ter feito o plantio. E, quando falamos de vendas, não tem como não falar de treinamento.

Treinar é educar. Treinar é criar um exército de pessoas que se tornem fortes o suficiente, interna e externamente, para cumprir uma missão. De que adianta dar o fardo e não ensinar a carregar?

Muitas empresas nascem com culturas do tipo cada um por si e Deus por todos. Os líderes não assumem a realidade de que é preciso cuidar de seus liderados e dar a eles todo o suporte necessário para que cresçam e se desenvolvam dentro da companhia.

Ao mesmo tempo, não vejo as pessoas com essa predisposição e percebo um percentual pequeno de profissionais que de fato estão buscando desenvolvimento na área profissional.

Em se tratando do treinamento de funcionários, vejo dois extremos. Tenho uma gerente comercial admirável, a Aline. Ela veio de uma família muito simples e não teve incentivo deles para se desenvolver.

A Aline chegou a um resultado fantástico e ganhou um dia no SPA pela sua performance, mas avisou que gostaria de fazer outro tipo de treinamento. Então ela perguntou se poderíamos pagar o treinamento em vez do SPA. Ela estava cem por cento focada no seu desenvolvimento.

Muitas vezes, nem o colaborador nem a empresa estão com a mentalidade voltada para isso. E, se você quer saber, já vi muitos empresários acreditando que é uma grande bobagem esse papo de preparar o colaborador.

Aqui eu gostaria de falar sobre uma das maiores virtudes do ser humano, que se chama lealdade. Se queremos pessoas leais, que não vão largar a empresa na mão e correr para a concorrente, temos que conquistar essa lealdade.

Muitos têm medo de investir em pessoas porque acreditam que elas vão pegar o primeiro trem e partir assim que virem uma oportunidade.

Comigo não é assim. Uma vez que qualifico um colaborador, meu objetivo é que ele seja um multiplicador dentro da empresa. Essa é uma forma de mostrar a ele que existe um próximo passo dentro da companhia.

O empresário às vezes esquece que existe esta necessidade na comunicação: levar a visão de futuro para o colaborador dentro da organização.

Muitos funcionários, por outro lado, sugam o treinamento e se vendem por um valor mais baixo, sem ter uma visão de futuro na empresa.

O salário emocional

Quando estava na Wizard, eu era gerente comercial e tinha uma aluna de que gostava muito. Eu a levei para dois cursos: inglês e espanhol. Era um exemplo de profissional. Eu a admirava.

Um tempo depois ela me disse: "Tem uma vaga na empresa onde eu trabalho". Era para eu ganhar o dobro, com plano de saúde, carro da empresa e comissão. O pacote completo. Para mim seria o máximo de sucesso financeiro na vida.

Mas a minha chefe naquele momento tinha me ajudado a entrar na faculdade, tinha me dado meu primeiro notebook, tinha estado comigo nas horas boas e ruins. Lembro de uma vez que passei mal de cólica na escola; ela foi lá e pagou a conta do hospital particular para mim. Eu era importante para ela.

E isso ficou, para mim, marcado como um salário emocional.

O que aconteceu no dia em que recebi a proposta para sair por um salário maior? Renunciei à oferta e aconteceu algo muito louco – financeiramente seria o dobro, mas fui para outro lado.

Segui meu propósito e não aceitei a proposta.

Há poucos dias uma pessoa veio se aconselhar comigo e com meu marido. Ela tinha recebido uma boa proposta, mas se desviaria de seu propósito e estava em dúvida sobre a direção a tomar.

Fica fácil nos desviarmos do nosso propósito quando ele não está tão certo dentro de nós ou não temos visão de futuro na empresa em que estamos.

Quando minha aluna me falou sobre a vaga de emprego, o que me fez decidir foram as horas que minha chefe passava comigo. Quando me levava até em casa, ela ensinava o caminho que eu poderia seguir em minha profissão.

Sempre que busco trazer a consciência dos treinamentos, tento abordar este fato: os líderes bem preparados podem sugerir uma vida de propósito, com visão bem definida, para seus liderados.

Quando os empresários sentem medo e insegurança quanto a investir em suas equipes, o que acontece?

Hoje existem mais de vinte milhões de empresas ativas no Brasil, e o mercado de treinamento ainda está muito aquém do mercado dos Estados Unidos. Poucas empresas do Brasil têm universidade corporativa, uma divisão que capacita os colaboradores a serem intraempreendedores. Para que eles possam empreender dentro da própria empresa.

Temos muitos exemplos de empreendedores que fizeram seus liderados comprarem a visão de crescimento da empresa. Um deles é o Flávio Augusto. Outro, o Edio.

O Edio estava na primeira leva de colaboradores do Flávio. Ele teve chances de abrir seu negócio lá fora. Mas o Flávio plantou uma semente tão forte dentro do Edio de visão de futuro que despertou algo grande dentro dele.

Uma cultura muito bonita quando se fala de empreendedorismo é saber despertar essa semente para que ela possa florescer.

A importância de aprender dentro da empresa

Empresas e empresários devem trazer a educação para o âmbito corporativo para que a pessoa, desde seu primeiro dia como funcionário, entenda que é possível trabalhar e realizar os sonhos dela.

Para começar, o *onboarding* é essencial na empresa.

Sempre que começo a falar com os empresários sobre isso, eles frequentemente respondem que não gostariam de perder o seu tempo pensando nisso. Mas os gestores precisam parar e se conscientizar de que é exatamente isso que trará o faturamento em médio e longo prazo. Esse nível de comprometimento desperta a lealdade.

O "querer" estar ali precisa estar incorporado à pessoa, mas não existe um despertar sem que a pessoa tenha essa visão.

A pergunta que você deve fazer a si mesmo é: "Será que vou me orgulhar das decisões que estou tomando como colaborador dentro da empresa?".

De que adianta
dar o fardo e
não ensinar
a carregar?

Será que eu teria deixado as portas abertas quando saí das duas empresas em que trabalhei se não tivesse pensado em todas as alternativas para viabilizar o melhor para todos?

Assim como o empresário não pensa "vou investir para despertar o melhor dos colaboradores", muitas vezes ele não consegue enxergar as pessoas como tesouros ou diamantes. É comum os gestores só enxergarem o carvão que as pessoas são naquele momento, desprezando o que elas poderiam se tornar.

Fico extremamente realizada quando pessoas que trabalharam comigo em projetos me dizem: "Você enxergou uma coisa que nem eu mesmo tinha enxergado dentro de mim. Você me deu uma oportunidade que eu nunca achei que teria". Isso faz eu me sentir mais viva.

Há uma poluição muito grande no empreendedorismo, e precisamos acordar as pessoas – despertar os dois lados.

O empresário precisa treinar sua tropa.

Muitas empresas têm um ambiente mais hospitalar. Certas equipes comerciais estão tão doentes que não há treinamento, regra, condicionamento. Há mais envolvimento com tratar doenças, lidar com regras e problemas do que fazer acontecer.

Eu trabalho muito isso com a minha equipe. Se até aqui os ambientes profissionais onde você esteve foram tóxicos a ponto de parecerem um hospital, agora você está entrando num quartel-general. Aqui existem regras; você pode obter patentes mais altas e crescer na carreira.

Nós, seres humanos, amamos ser reconhecidos e devemos facilitar isso para todos. Essa é a regra número 1 para alguém se manter motivado em uma companhia.

Lembro da época em que, me preparando para sair da Mongeral, eu queria que o próximo líder da minha equipe viesse dela. O nível de responsabilidade era alto, porque essa pessoa iria assumir a melhor equipe de vendas do Brasil.

Muitas vezes o líder escolhido não se sente preparado. Em outras situações, ele realmente não está preparado. E tudo bem.

O que falo todos os dias nas empresas onde ministro treinamentos é que é preciso treinar sua equipe comercial para despressurizá-la.

A maioria dos profissionais da área começa e termina o mês com um sentimento de que não dá conta. E não se trata de treinamento em técnica de vendas; é um treinamento de obrigação contínua para que se saiba como começar o mês seguinte.

Hoje as empresas começam e terminam o mês com equipes das áreas comerciais doentes, desacreditadas. Recebo áudios de profissionais que não têm tempo para estar com seus filhos, não têm tempo para si mesmos, para respirar. Eles levam uma vida de choro e sufoco, porque em todo final de mês o clima é pesado.

Ser pressionado desse jeito o tempo todo acaba levando os profissionais ao burnout ou à desistência.

É por isso que o empresário precisa pensar no seu colaborador. Ele não pode tornar-se gestor e deixar de ser humano.

Essa é a essência que abre a Porta dos Treinamentos. Ela abre a porta para uma nova vida dentro da empresa.

A PORTA DA FÉ

Uma das portas mais importantes que devemos abrir é a Porta da Fé. Não tem como falar de vendas sem passar por essa porta.

Existe uma frase clássica que diz que ter fé é dar o próximo passo sem enxergar a escada inteira.

Muitas coisas me vêm à cabeça quando falo desse assunto. E é interessante porque, no exato momento em que estou escrevendo este livro, estou "parindo" um grande evento, que existia apenas na minha imaginação.

Para que esse projeto fosse possível, precisei depositar nele toda a minha energia, minha esperança, minhas forças e principalmente a minha fé.

Dizem que a fé move montanhas, mas a fé sem ação é morta. Não dá para conquistar nada na vida sem o poder da fé, mas não a fé cega, e sim aquela que nos faz acreditar em nós mesmos. Em nossa capacidade, em nossa missão aqui na Terra.

A fé que nos movimenta para além de nossas maiores inseguranças, que nos faz crer que existem coisas nas quais podemos firmar os pés, mesmo que não consigamos enxergá-las.

Já passei por momentos em que precisei de grandes atos de fé. Enquanto escrevo este livro estou produzindo um documentário sobre minha vida, fazendo mentorias, criando novos projetos, novos produtos e administrando a empresa do meu marido.

Tempo me falta, mas me sobra fé, porque eu sei aonde quero chegar. A fé, para mim, é exatamente o que a Bíblia nos ensina: acreditar no que os seus olhos humanos não são capazes de ver, porém os seus olhos espirituais são capazes de sentir, visualizar e imaginar.

A Bíblia pode ter me ensinado o que era fé - na teoria. Mas foi só o que vivi que me ensinou a praticar a fé.

É a fé que faz a diferença

Certa vez fui indicada para uma das principais e maiores premiações do mercado de seguros: o Galo de Ouro. Na época em que participei, a campanha já existia havia 39 anos. Ela dura seis meses, de julho até dezembro, e o que define o vendedor é o volume de vendas, quem vende mais.

Mas a premiação é dividida por categorias, e eu concorri justamente na categoria de gerente comercial, com centenas de colegas. Quem vende mais ganha uma viagem para outro país com direito a acompanhante e um bom prêmio em dinheiro. Mas, o mais importante para mim – mais do que a viagem, o dinheiro e a passagem para o acompanhante – era ser reconhecida, por acreditar que aquilo iria acontecer.

Quando escutei da minha diretora que era impossível ganhar, isso mexeu comigo. Se eu acreditasse no que ela dizia, seria minha falta de fé atuando.

Aparentemente, vencer era impossível. E ela deixou isso claro: você acabou de entrar na empresa, nunca na história desta companhia um gerente comercial ganhou no seu primeiro ano de atuação. O vencedor do ano anterior já tinha cinco anos de empresa, e o vice-campeão tinha doze.

A questão é que, quando ela falou que era impossível, aquilo bateu forte no meu coração. Se era impossível, era naquele lugar que eu queria estar. É o lance de "no topo a concorrência é menor". Para mim, é no impossível.

Mas não se trata apenas de métodos a serem seguidos. É realmente a fé que faz a diferença.

Quando eu ia dormir, quando acordava e quando tomava banho, eu me via naquele palco. Eu ouvia meu nome sendo chamado. Eu me via ganhando aquele prêmio. E tinha plena certeza de que ganharia. Nem por um milésimo de segundo cheguei a duvidar disso.

O nome disso é fé.

Um dia o diretor comercial que me dirigia quando eu tinha dezenove anos, o Luis Fernando Pergoraro, me disse que tinha um presente para me dar. Ele havia feito um treinamento no final de semana e se lembrara de mim. Era um texto chamado "A filosofia do sucesso", de Napoleon Hill.

Uma parte do texto dizia o seguinte:

Se você pensa que é um derrotado,
você será derrotado.
Se não pensar "quero a qualquer custo!"
não conseguirá nada.
Mesmo que você queira vencer,
mas pensa que não vai conseguir,
a vitória não sorrirá para você (...)

Decorei o texto todo, porém, mais do que trazer frases bonitas, o poema me disse, em alto e bom som: viva isso com toda a sua entrega e energia. "Viva palavra por palavra."

Na época eu imprimi várias cópias dele. Uma delas eu coloquei na parede do meu escritório e declamava para mim mesma todos os dias, acreditando que aquilo ia acontecer.

O fato é que, ao longo da campanha do Galo de Ouro, essa filosofia já estava tão internalizada em mim que se tornou a declaração que fiz todos os dias. Foi aquela declaração que me fez ganhar o prêmio.

Não era porque outras pessoas não tinham conquistado aquilo que eu não iria conquistar.

O que acontece com as pessoas? Elas até têm um desejo, um sonho, uma verdade latente dentro de si, mas escutam de alguém que aquilo é impossível, e é normal que sintam medo nessa hora. E nesse momento elas perdem a fé.

Uma pessoa com medo é uma pessoa sem fé. Essa pessoa perde a fé de que pode dar certo.

"Aquele que cativa a vitória é o que crê plenamente", eu pensava. E sabia que ia conseguir. Consciente de que os outros gerentes comerciais eram muito mais fortes do que eu, que já tinham equipes estáveis e bem-sucedidas, eu concorria com profissionais muito mais aptos a ganhar.

Eu estava recrutando meu primeiro corretor naquele momento. E pensava assim: eu vou conseguir.

Neste momento estou passando por isso de novo. Escuto que é impossível colocar mil pessoas em um evento, mas tenho plena convicção de que vou colocar.

A Bíblia pode ter me ensinado o que era fé – na teoria. Mas foi só o que vivi que me ensinou a praticar a fé.

Visualize e sinta a sua conquista

Lembro que participei de um treinamento certa vez, e o treinador contou sobre alguém que queria muito ter uma quantidade de dinheiro em sua conta durante um período. Mas aquilo era improvável.

Esse treinador tomou algumas providências. Uma delas foi imprimir um extrato bancário e escrever o total que queria dentro daquele prazo, anotando a data.

Assim o seu aluno fez.

E, depois disso, colocou essa situação visualmente para si. Começou a enxergar aquilo e declarar sobre a própria vida o que queria para si. Mas é claro: com isso veio o planejamento.

A fé acontece e se torna real quando você acredita infalivelmente que algo é possível. Quando você planeja esse impossível, traça estratégias para que se torne possível e age. Não basta acreditar.

As declarações precisam ser feitas, e o que parecia impossível de acontecer em nossas vidas aconteceu. Meu marido e eu começamos a receber notícias surpreendentes. Começamos a viver sincronicidades e a ter resultados com pessoas que procurávamos havia muito tempo.

Eram pessoas com as quais eu queria me conectar por meio da seguinte pergunta: "Quem são as pessoas que têm o público que pode ir ao meu evento?". Quem são as pessoas que merecem e precisam estar no meu evento? E uma das pessoas que eu buscava por tanto tempo me procurou.

Para mim não existe outra explicação a não ser Deus. São as conexões de Deus. Porque eu não precisei buscar. Essas conexões simplesmente vieram até mim.

Eu acredito plenamente no poder das estratégias, no poder de ir e falar com as pessoas, na venda ativa, na busca. Mas o crescimento exponencial para mim e os resultados grandiosos estão pautados na fé e na atitude de acreditar e imaginar algo que é impossível para os outros, mas que pode ser possível para você.

Uma vez li um livro chamado *Descubra seus dons espirituais*, de C. Peter Wagner. Naquela ocasião eu soube que nem sempre nascemos com um dom, mas que podemos pedir dons a Deus. Podemos pedir a Deus por sabedoria. E eu sempre orei muito para Deus despertar a chama dentro de mim.

O primeiro dom que saiu forte quando fiz o teste foi o dom da fé. O segundo, o dom da exortação, que é o de empoderar as pessoas.

Eu quero hoje que as pessoas se aproximem de mim e sintam que saíram melhores. Para mim, isso é cura. E esse foi o terceiro dom que eu percebi ter.

Minha vida sempre foi embasada na fé, e o que faço quando percebo que estou com medo é orar. O espiritual não pode faltar. Eu acredito que as coisas acontecem no âmbito espiritual e se materializam no físico.

Para mim, a intuição entra no campo da fé. Trata-se de ter um sexto sentido, de saber observar e ouvir sua voz interior. A fé é Deus falando com a gente. É ouvir essa voz real.

Mas eu quebrei muito a cara antes de entender isso. Já ouviu aquela história do homem que estava no meio de uma tempestade no mar e de repente pediu para Deus ajudá-lo? Deus enviou várias formas de ajuda até que o homem, depois de recusar todas, disse: "Ei, Deus, por que não me ajuda?". E Deus então lembrou ao homem que havia mandado um barco, uma lancha, um helicóptero, e o homem não aceitara nenhuma ajuda.

A ajuda está ali na frente, mas o cara não é capaz de enxergar. O sujeito acredita que Deus vai descer e levá-lo para algum lugar.

Muitas vezes Deus está ao nosso lado, e nós precisamos simplesmente acreditar.

O meu relacionamento com o Fábio foi uma demonstração disso.

Lembro que escrevi uma carta de três páginas para Deus pedindo alguém para estar ao meu lado. E descrevi todas as características do marido que eu queria.

Peguei a primeira página da carta, e era um pedido objetivo para Deus. Era como dizer "estou escrevendo, mas abra meus olhos para quando ele chegar. Não quero ser incapaz de perceber a pessoa certa".

Para mim esse foi um dos maiores atos de fé, porque não era para eu estar no evento em que nos conhecemos. Não pela lógica.

Uma amiga chamada Kênia Gama me indicou para a Késia Klava, porque ela procurava palestrantes de vendas. A Késia me contratou para palestrar no evento dela. E o Fábio morava nos Estados Unidos fazia 25 anos, mas naquele período estava no Brasil. O mês em que ele estava no Brasil foi quando nos encontramos. Foi sua primeira palestra aqui.

No palco ele contava sua história junto com o conteúdo de marketing. E eu anotava. Em certo momento ele comentou que tinha rompido um noivado. Quando ele disse isso, uma pessoa que estava perto de mim, uma aluna minha, disse "sua esposa está aqui do meu lado", dirigindo-se a ele.

Na mesma hora comecei a enxergar aquele homem por outro ângulo. Era o homem de que eu falava na minha carta.

No terceiro dia seria minha palestra e ele disse que não poderia ficar, mas eu respondi que poderíamos tomar um café em Brasília.

No dia seguinte mandei uma mensagem e ele me respondeu um dia depois, pedindo meu celular. E começamos a conversar. O café durou oito horas, e aquilo virou um namoro que se tornou um casamento.

Ele definitivamente era o homem da carta. Deus tinha me respondido enviando aquele homem em minha direção.

Quando olho para tudo isso, não consigo imaginar o que viveria hoje sem a fé. A fé nos move em todos os momentos e em todas as áreas da nossa vida.

A PORTA DO NÃO

Uma das portas mais difíceis de serem abertas é a do não.

A Porta do Não fica na sua frente quando você sabe que precisa dar uma negativa a alguém, mas não tem coragem, seja qual for o motivo. É aquele cliente para quem você diz sim quando quer dizer não, porque está no desespero pela grana.

Hoje estou no nível de dizer não, mas a insegurança pode ser maior do que a fé. E eu vou te falar sobre crescimento.

A grande maioria das pessoas trabalha no desespero. Da venda desesperada, de bater a meta, do automático, do "tem que acontecer".

Muitos estão em uma situação ainda pior: além do desespero, elas não vendem aquilo em que realmente acreditam. É ainda pior. Mas foi nessa condição, quando estava vendendo por necessidade – no início da minha carreira –, que a venda se tornou uma paixão para mim.

Mas venda de quê?

Não continuei vendendo a mesma coisa de quando comecei.

Muitos pessoas precisam de um chacoalhão para começarem a viver aquilo que precisam. Vender algo em que acreditam. Quando você resolve essa parte, você avança e pode vender aquilo em que verdadeiramente acredita – entendendo que dessa forma haverá uma mudança e uma transformação; você vai se destacar, porque acredita no que faz.

A partir do momento em que você começa a viver isso, as pessoas passam a falar de você e a saber quem você é. Quando chega a esse nível, você pode escolher os seus clientes. E hoje eu consigo até mesmo "rejeitar" clientes. Porque não se trata do dinheiro da pessoa, e sim do momento em que ela está. Existem clientes que te tiram a paz.

Eu já disse não para uma cliente que queria dobrar seu resultado. Em seguida, ela foi buscar outras possibilidades no mercado, me questionando sobre o meu valor, porque encontrou profissionais que cobravam um valor mais acessível. Mas eu sou a que mais traz resultado.

Ela contratou outra empresa e nas primeiras 24 horas já teve um resultado extremamente ruim. As sócias vieram falar comigo para que eu pudesse atender essa cliente, e eu decidi aceitar – e dobrei o resultado do lançamento que fariam.

A moral da história foi que essa pessoa passou por uma mudança de mentalidade. Nos tornamos grandes amigas e ela hoje é uma cliente fiel, que me indica outros clientes.

O grande lance que eu entendi é: não precisamos dizer não para todo cliente, mas, quando dizemos, temos que justificá-lo. Isso vai ajudar a outra pessoa a passar por uma mudança – a parte mais difícil.

Diga sim para você

Por que a Porta do Não é importante? Porque as pessoas não sabem dizer não.

Você pode dizer um não e ainda manter a porta aberta, percebe?

Muitas pessoas cometem abusos mentais em si mesmas quando dizem sim querendo dizer não. Elas dizem não para si dizendo sim para os outros.

Eu recebo propostas que são grandes oportunidades, mas não estão alinhadas com o meu propósito e o meu objetivo. Hoje tenho um perfil específico de clientes que atendo, que é o cliente de tíquete alto. E digo não quando o cliente não se enquadra nesse perfil.

A Porta do Não é uma das mais acolhedoras que podem existir quando você está alinhado ao seu propósito. E isso pode acontecer em todas as áreas da sua vida.

Já aconteceu de você passar mal depois de comer algo que não queria, mas que te forçaram a comer?

Quando sinto isso, a resposta é sempre não. Pode ser para uma roupa, uma comida, para o que for. Se eu sinto esse "arranhão" dentro de mim, não é para eu ir, não é para eu fazer. Esse assunto é muito interessante porque, quando você não fala não, pode estar fechando a porta certa para você que seria um sim.

Você já deve ter visto uma tirinha daquele sujeito que está cavando uma mina até e, quando está quase chegando no diamante, para de cavar. Existem os nãos errados também. O não de não persistir e não continuar em algo que na verdade você teria que continuar.

Às vezes, também, você dá um sim para um cliente quando deveria dar um não, e isso fecha a porta para algo que pode estar mais alinhado com a sua vida.

O não te traz um sono bom. Você dorme melhor. E, quando dorme melhor, você vende mais. Para quem está descansado e em paz, a vida é melhor.

E tem um detalhe: às vezes a pessoa diz não e se entristece. Mas a tristeza é um preço a ser pago. Um sentimento. O remorso, não.

Quando você diz sim para alguma coisa, o sentimento é de prisão, de peso. E, quando diz não e sente tristeza por ter feito isso, nem sempre é por você: você fica triste pela pessoa, é totalmente diferente.

Quantas vezes dizemos sim para uma pessoa e atrapalhamos o acesso delas a certo grau de evolução?

Constantemente recebo mensagens pedindo dinheiro no meu Instagram. Já comentei aqui sobre um aluno que me disse: "Já que você nos ensinou a ser persuasivo, estou aqui te pedindo dinheiro. Estou sendo corajoso, ousado e determinado". Ainda usou meus argumentos para tentar me convencer...

Lá atrás, no passado, dei muito dinheiro para amigos e familiares. Emprestei e quebrei a cara. Cheguei a ficar com o nome sujo por causa disso.

A incapacidade de dizer não endivida famílias, destrói casamentos e amizades, porque a pessoa pega o dinheiro emprestado e a hora de pagar se torna um transtorno.

Lembro que atendi um casal em mentoria. Ele, um desembargador, ganhava 20 mil reais por mês. A esposa ganhava 10 mil. Esses dois servidores públicos estavam endividados, porque todo mundo pedia dinheiro e eles ajudavam. De repente, se viram com a corda no pescoço.

Se sentiam sufocados o tempo todo. O processo ali foi muito fácil de resolver: só precisaram aprender a dizer não.

Atendi uma mulher que ganhou uma herança de 17 milhões de reais. Como não sabia administrar, chegou até mim com 4 milhões na conta. Um dos motivos para ela ter torrado o dinheiro foi não saber dizer não para si mesma, e o outro foi a incapacidade de dizer não para os outros. Chegou a abrir negócios para amigas.

Essa foi uma das clientes mais difíceis que tive, porque ela achava que o dinheiro a ajudava a conservar as amizades, que era por esse motivo que as pessoas se aproximavam dela. Era quase uma autodestruição.

Não saber dizer não para um cônjuge, para um sócio ou para um cliente: tudo isso pode te levar à destruição. Imagine o emaranhado de fios em que você pode se meter por não sabe impor sua própria vontade. A desorganização se torna um projeto na vida de uma pessoa. Tudo pode desandar por uma simples falta de atitude.

Não dizer não pode levar ao endividamento. A Porta do Não é a que vai te trazer alívio.

Eu quero, agora, que você faça uma lista daquilo que precisa sair da sua vida. Para quais amizades, sociedades e clientes que você está dizendo sim mesmo sem querer?

O que está te sufocando? Fazendo você perder o seu tempo?

Muitos nãos ajudam a evitar as perdas de tempo. E o perfil do seu cliente pode determinar o seu futuro.

Faça uma lista de tudo aquilo para o que tem que dizer não. A mudança não precisa ser radical, mas é necessário que haja um começo.

Se tiver coragem, você pode promover uma transformação de 180 graus em qualquer área da sua vida.

Sua lista vai ficar mais organizada se você dividir os itens por área. Escreva o que está te prendendo e o que está te machucando nas seguintes áreas:

ÁREA FINANCEIRA

ÁREA DOS RELACIONAMENTOS AFETIVOS

ÁREA DA SAÚDE

ÁREA PROFISSIONAL

A PORTA DA PROXIMIDADE

Quando trabalhava em uma grande empresa e fui transferida de Brasília para Belo Horizonte, eu tinha duas opções: podia ir para o Rio de Janeiro ou escolher Belo Horizonte mesmo. Eram alternativas que me foram dadas pela minha diretora. E eu quis ir para o Rio. Sonhava trabalhar lá, onde ficava a matriz da empresa.

Decisões desse nível eu nunca tomo sozinha, por isso fui pedir orientação para um dos diretores da empresa, o diretor de relações institucionais. Ele iria me conectar com outros clientes e parceiros.

Ele era bem mais velho, foi general do Exército e tinha uma sabedoria muito grande. Tudo que ele me dizia me direcionava para Belo Horizonte. E eu escutei. Lembro que cheguei em casa, me ajoelhei e fui conversar com Deus. Perguntei para onde eu devia ir.

Estava entregue àquela pergunta quando me veio claramente a resposta: Belo Horizonte.

De repente comecei a me apaixonar por essa cidade. E, uma semana depois dessa oração, a mudança. Ao chegar lá, falei com um dos meus mentores, que me orientou para ir a uma Igreja.

Ele me enviou para um lugar pequeno, diferente do que eu imaginava. Ao chegar nesse lugar, encontrei a pessoa que seria meu mentor pelos próximos quatro anos. Era o Fernando Guillen, um boliviano que viu em mim o que eu mesma não conseguia enxergar.

A força de um mentor é algo fantástico. Ele literalmente consegue despertar o que há de melhor em você. Eu não tinha experimentado nada parecido até então. Ele me conectava com pessoas que não me conheciam e que eu conhecia. E foi por intermédio dele que eu viria a me aproximar do Flávio Augusto, alguém que eu admirava de longe.

O fato de eu ser mentorada pelo Fernando me proporcionou vários acessos profissionais e pessoais, e foi com o apoio dele que fiz minha primeira palestra, já que ele promovia um dos maiores congressos do Brasil. Palestrar naquele evento me abriu portas em nível nacional, e comecei a ser chamada para dar outras palestras.

O que mais me surpreendia era que ele tinha um público, o público que ele influenciava – que era um público de líderes –, e eu tinha conhecimento. Nossa parceria era fantástica.

O jeito certo de fazer networking

Ele fazia ofertas de imersões com meus treinamentos e num único dia de treinamento – no qual ele transferiu sua credibilidade para mim, já que as pessoas só compravam porque o conheciam – ganhei o dobro do que ganhava o mês inteiro.

Nessa transferência de credibilidade eu conheci uma confiança que percebi que precisava conquistar.

O que eu quero te dizer é que proximidade é poder, mas você precisa entender o que oferecer e o que receber. Não dá para sugar o que o outro tem sem oferecer nada em troca. Fazer networking não é vampirizar o outro; networking é troca.

É construindo relações de verdade que criamos conexões. Muitos querem ser próximos das pessoas e inventam um jogo de manipulação horroroso que não leva a lugar nenhum.

Ele foi para mim o primeiro contato em que enxerguei o poder que era ter proximidade com alguém, mas isso só foi possível porque eu tinha algo a entregar para ele, para o público dele e para as pessoas dele.

Ele foi uma pessoa que servi muito, e sem querer nada em troca.

No começo, nossa relação era baseada no planejamento financeiro, e nossas conversas eram sobre o universo financeiro. Ele me enxergou de uma maneira diferente. Precisava de orientação, e abriu portas de treinamentos e cursos para mim. E não parou por aí.

O fato de o servir de diversas maneiras me abriu portas inimagináveis. Eram conexões de verdade. Eu era aquela que conversava e fazia sala para muitos outros palestrantes.

Nesse momento os alunos do MeuSucesso.com, um programa de cursos voltados para empreendedores de que eu participava, começaram a querer ter encontros presenciais, que ainda não existiam.

Os próprios alunos começaram a se encontrar para discutir os estudos de caso apresentados na plataforma. Essas reuniões se tornaram um sucesso tão grande que começaram a se multiplicar, e ali criamos um movimento chamado "Embaixadas GV".

O fato de eu ter me tornado uma das primeiras embaixadoras do movimento Geração de Valor e de estar associada indiretamente ao Flávio Augusto me fez ter o sonho de que o Flávio me conhecesse. Eu não queria somente conhecer o Flávio; queria que *ele* me conhecesse.

Eu dava treinamentos em vários lugares do Brasil e começava a implementar Embaixadas nas cidades. Eram pessoas que eu identificava como potenciais líderes, e eu organizava encontros para que elas estudassem o canal de empreendedorismo.

Isso começou a gerar vários negócios e um movimento muito grande.

Até que, num grande evento do Flávio, ele quis fazer um encontro dos Embaixadores. Nos reunimos, conversamos, o Flávio nos encontrou e traçamos a meta de multiplicar as embaixadas.

No ano seguinte já eram quatrocentos líderes.

O movimento foi tão poderoso que, quando eu ia para as palestras e me apresentava como Embaixadora do Geração de Valor, as portas se abriam para mim.

Isso me tornou amiga da franqueada número 1 do Flávio e me fez receber duas grandes propostas de sociedade e muitos contatos.

No dia em que encontrei o Flávio pessoalmente, eu tinha sido convidada a estar no camarote do Power House. Ali estavam os primeiros GVs do Flávio e grandes empresários, além de outras pessoas que eu admirava muito.

O detalhe foi que, por ser uma líder forte, eu conseguia estar ao lado de um dos criadores desse movimento. Eu sabia quem era o Flávio, mas ele não sabia quem eu era.

Fazer networking
não é vampirizar
o outro;
networking
é troca.

É comum as pessoas não saberem fazer networking. Isso porque networking não é falar de si, mas permitir que o outro fale para gerar um ponto de conexão.

No momento em que fui falar de mim, comecei a contar uma história minha com ele. Estávamos numa rodinha e eu soltei: "Flávio, eu tenho que te confessar uma coisa. Fui franqueada da Wizard. Meu coração foi de fato da Wizard, mas você não tem noção: aprendi a vender com a Wise Up".

Todos riram e eu expliquei o que tinha feito: como a Wizard não tinha sistema de treinamento para assessores e gerentes comerciais, a forma que eu tinha de aprender era sendo uma cliente oculta da Wise Up.

Eu tinha que ter um ponto de conexão com ele. Expliquei como era minha atuação como cliente oculta. Eu tinha aprendido o processo dele na Wise Up e aplicado na Wizard, onde batia todas as metas do mês. Como ele já tinha ouvido falar de mim, a conversa foi adiante e eu recebi uma proposta para trabalhar no grupo de franquias de uma diretora nacional.

A Porta da Proximidade, que nos aproxima das pessoas, é o networking. Sempre que ficamos ansiosos para gerar conexões e vender, perdemos essa conexão.

O primeiro ponto é eliminar a ansiedade na hora de fazer a conexão, definir quem são as pessoas que você quer acessar, elaborar um plano de ação – e não ficar falando o que você faz e perguntando o que as pessoas fazem.

Mas existe outra forma de abrir essa porta. É saber se aproximar das pessoas, criar movimentos e gerar valor. O fato de acessar certas pessoas abre várias portas de parcerias e negócios com gente da mesma tribo. Cria-se um vínculo entre profissionais que se respeitam e veem valor umas nas outras.

Diante da outra pessoa, o mais importante não é ouvir: é *escutar* o que o outro está falando. Escutar na essência e perceber a informação. Às vezes a Porta da Prosperidade e da Abundância está diante de você.

Ter um vínculo com o outro é muito mais valioso do que falar apenas sobre si. E nessa conversa você cria a conexão. As pessoas querem ser escutadas. Nos lugares aonde chegam, ficam disputando para ver quem vai falar mais.

Graça e Favor

Falo sobre Proximidade e também sobre Graça e Favor, que são portas muito próximas, porque você tem a Graça e o Favor de Deus quando tem compaixão pelas pessoas. E o que são essa Graça e esse Favor? Quando você marca as pessoas, é de você que elas lembram quando pensam em um negócio. Tem a ver com o quanto você é cheio de graça e atrai bênçãos para si mesmo.

Mas só se torna assim quem tem compaixão pelo outro. Quando você se importa com o outro, as pessoas lembram de você, porque vai muito além de simplesmente ter um padrão de abordagem com as pessoas. Tem a ver com interagir com o coração e não com a mente. Tenha interesse pelas pessoas e seja interessante para elas.

Foi um mentor que me disse certa vez que eu era cheia de Graça e Favor. E eu me apossei disso, porque ele afirmou que as pessoas queriam a minha presença por perto.

Ainda criança, eu caminhava léguas com minha avó e, ao olhar para as pernas dela, cheias de varizes, eu pensava: "Poxa, eu não queria que ela estivesse desse jeito. Poderia ser em mim". Então, eu chegava em casa e fazia massagem nas suas pernas. Umas moscas gigantes ficavam nas pernas dela e eu as tirava.

Depois de um tempo, percebi que reproduzia esse tipo de atitude no ambiente profissional. Quando era vendedora, não era só a técnica. Eu fazia tantas perguntas para o cliente que ele se abria comigo; a sensação era a de que ele estava num processo de terapia comigo.

Quando eu fazia a oferta, essa pessoa entendia que eu era a única solução que ela tinha naquele momento.

A Graça é aquilo que você tem e recebe das pessoas e de Deus sem merecer. A pessoa não tem obrigação de fazer por você. E o Favor é como se fosse uma escala disso — você atinge um nível que lhe permite se conectar com dezenas de oportunidades sem mesmo estar falando disso.

É outra pessoa falando de você e validando seu trabalho, mesmo longe. Você alcança um nível de acesso em escala que sozinho, falando de si mesmo, não conseguiria alcançar.

A Graça e o Favor são a cereja do bolo do networking. Isso tem a ver com estar onde você não está, conquistando tanto poder que você se torna onipresente.

A PORTA DO MILAGRE

Eu saí do orfanato para o mundo. E, entendendo isso, acabei tendo uma esperança de futuro. Se não tivesse encontrado essa força dentro de mim, eu jamais teria tido coragem de escrever este livro.

Só que essa força não brotou do nada. Em vários momentos me vi em posição fetal, no tapete da minha sala, chorando; então, não consigo dizer que essa força veio de mim. Era uma força que veio de algo acima, porque eu me permiti acessar isso. Sempre pedi a Deus: "Não me deixe me afastar de mim mesma. Não deixe que meus medos Te afastem de mim".

É nítido que as pessoas estão sempre olhando para a grama do vizinho. A vida do outro sempre parece muito mais interessante que a nossa.

Escolhi finalizar este livro com a Porta do Milagre porque desejo despertar você para entender que você já é um milagre. E tudo que você quer alcançar não está no outro: está em você.

Quando você tira o olhar do outro e passa a olhar para si mesmo, entende o poder e o potencial que tem dentro da sua vida.

Em 2006, quando ia a todas as palestras, eu também era assim. Eu pensava: "Não tenho uma história dessas para contar". E essas pessoas não se dão o devido valor. Foi só quando olhei e reconheci minha história, vendo de onde eu saí e para onde cheguei, que percebi que o Milagre estava em mim.

Assim que trouxe o olhar de crescimento para mim mesma, comecei a ser uma máquina de vendas, porque estava oficialmente consciente do que eu era e do que tinha sido até então. Mas eu não percebia as peculiaridades da minha vida com um olhar de gratidão. Não via que tinha saúde, que podia buscar uma boa oportunidade de trabalho, que poderia fazer muitas coisas.

Tudo está em entender que você é o verdadeiro milagre. Quando enxergar a si mesmo dessa forma, perceberá que você pode ser a única solução para a vida de outras pessoas.

Você passa a ser essencial na sua carreira e na de outras pessoas. Mas não tem como o outro te enxergar dessa forma se você não se enxergar assim.

Eu sempre soube de onde vim, e houve uma fase que foi uma luta comigo mesma até para valorizar o meu sotaque. Eu estava em Brasília nessa época. Eu queria me valorizar entendendo o verdadeiro valor que eu tinha.

E o que me alimentava de esperança para enxergar meu valor era o que eu escutava quando era criança sobre quem eu seria no futuro.

As pessoas que me conheciam na escola, os meus avós, todos eles diziam que eu daria certo no futuro. E alguém em algum momento com certeza já disse para você que você daria certo na vida.

As pessoas dão mais ouvidos às coisas ruins que já escutaram. Só que é você que decide em quem acreditar.

Reconheça o milagre em você

Se você não vê valor em si mesmo, é impossível que outra pessoa te dê valor. E não faz sentido criar networking se você não enxerga o seu verdadeiro valor.

Levou muito tempo para que eu pudesse enxergar algo que eu ensinava e fazia – e que tinha um valor que eu mesma desconhecia. Às vezes é uma habilidade, um conhecimento técnico. São raras as pessoas que olham para a sua própria história e a valorizam. Ainda que sua história seja uma tragédia, ela tem valor. Ruim ou boa, ela tem valor.

Depois de todas as tragédias que enfrentei, eu precisei aprender a abraçar.

Por pior que seus pais tenham sido com você, foi isso que te construiu. Valorize e respeite isso. Pai é pai, mãe é mãe e ponto-final.

Eu quero ser a ponte que encurta o acesso do conhecimento. Mas só posso ser essa ponte quando estudo meu passado e reconheço o milagre que existe dentro de mim.

A Porta do Milagre é muito bonita.

A travessia do Mar Vermelho é uma das passagens mais conhecidas de toda a Bíblia. Contada e recontada por todas as gerações, ela é fonte de inspiração para qualquer ser humano.

Moisés estava conduzindo seu povo, e o momento era dramático. Eles sofriam muita provação, já que os egípcios os perseguiam.

Nessa passagem, os hebreus viam o exército do Faraó pronto para se vingar de seus antigos escravizados, que fugiam liderados por Moisés. E a dificuldade enfraqueceu a fé desse povo.

Moisés dizia: "Não temam, fiquem quietos, vejam o livramento do Senhor". Enquanto um tumulto se formava, o povo que estava às margens do Mar Vermelho se dividiu em quatro grupos: o primeiro deles queria se jogar no mar. O segundo bradava "vamos retornar ao Egito". O terceiro grupo dizia "vamos enfrentá-los no combate". E o quarto grupo queria orar.

Aquele era um momento de crise, e todos estavam paralisados.

Nessa história, temos a prova de que podemos ser nossos maiores inimigos quando somos incapazes de nos unir em torno de uma ideia, objetivo ou causa em comum.

Tempo de orar, tempo de agir

A Bíblia diz que temos um tempo de orar e um tempo de agir.

E Moisés orou e disse: "Diga ao povo que marche". Não era hora de ficar em silêncio, paralisado, aguardando uma intervenção divina. Era hora de fazer algo efetivo.

E muitas vezes a Porta do Milagre se abre quando não ficamos apenas esperando Deus. Temos que ter iniciativa e lutar com as armas que estão à nossa mão. Com a nossa fé, a nossa esperança. E é assim que marchamos em direção ao milagre.

Existem momentos em que devemos orar, mas em outros devemos agir. E ter uma atitude de fé, entendendo que Deus "abrirá um caminho" para nós no mar da vida com suas dificuldades, é vital para nossa sobrevivência como seres humanos.

Quando o Mar Vermelho se abriu, foi porque todos haviam tido coragem de caminhar em direção ao desconhecido. E devemos sempre entender que o caminho para a Porta do Milagre é estreito e individual, mas pode representar um renascimento para você.

É preciso confiar, agir e marchar em direção ao desconhecido. As portas vão se abrir, assim como o Mar Vermelho se abriu.

Eu garanto. Eu sou a prova viva disso.

Aponte a câmera do seu celular para este QR Code e ganhe acesso a materiais exclusivos:

Você já é um milagre.
E tudo que você quer alcançar não está no outro: está em você.

FONTES Antwerp, Sharp Grotesk
PAPEL Alta Alvura 90 g/m²
IMPRESSÃO Imprensa da Fé